Lorenz Marti

Übrigens, das Leben ist schön

W0076558

Lorenz Marti

# Übrigens, das Leben ist schön

Entdeckungen auf der Rückseite
des Selbstverständlichen

**KREUZ**

MIX
Papier aus verantwor-
tungsvollen Quellen
FSC® C106847

© Kreuz Verlag
in der Verlag Herder GmbH, Freiburg im Breisgau 2013
www.kreuz-verlag.de

Illustrationen Innenteil: © shutterstock

Satz: de·te·pe, Aalen
Herstellung: fgb · freiburger graphische betriebe
www.fgb.de

Printed in Germany

ISBN 978-3-451-61237-4

*Life is what happens to you
while you're busy
making other plans.*

*(Leben ist, was dir passiert,
während du andere Pläne schmiedest.)*

John Lennon

# Inhalt

## Winter: Die Stille des Lichts    133

## Zum Schluss: Leben ohne Warum    171

# Zum Auftakt:
## Leben mit Geschichten

Das Leben erzählt immer noch die besten Geschichten. Im Verlaufe der Stunden, Tage und Jahre reiht sich eine Geschichte an die andere. Es lohnt sich, die eine oder andere etwas näher zu betrachten. Und zwar nicht nur die großen und auffälligen, sondern auch die kleinen und ganz gewöhnlichen. Sie machen schließlich einen wesentlichen Teil unserer Lebenszeit aus. In ihnen steckt oft mehr, als sie auf Anhieb preisgeben.

Ich mag Geschichten. Erfinden kann ich aber keine. Ich schreibe sie beim Leben ab. Da finde ich immer wieder neue Vorlagen für meine Texte und Bücher. Oft wird mir erst beim Ab- respektive Aufschreiben so richtig bewusst, was ich erlebt und entdeckt habe – und was es vielleicht bedeuten könnte.

Dass ich Geschichten mag, gerne Geschichten höre und erzähle, hat einen guten Grund: Sie sind lebendig, vielschichtig und manchmal auch etwas rätselhaft. Eine gute Geschichte geht nicht einfach auf. Sie regt vielmehr an zum Weiterdenken, Weitererzählen, Weitergehen.

Das haben Geschichten allen Theorien und Lehren voraus: Sie beengen und belehren uns nicht. Sie schicken uns auf einen Weg und lassen genügend Raum für persönliche Erfahrungen und Entdeckungen.

Dabei liegt der Reichtum einer Geschichte nie allein in dem, was sie erzählt, sondern auch in dem, was sie verschweigt. Und eine gute Geschichte verschweigt vieles. Damit ruft sie eigene Bilder wach, und wir können uns in einer fremden Geschichte wiedererkennen. Das Eigene verbindet sich mit dem Anderen und etwas Neues entsteht.

Dass wir uns in einer Geschichte wiederfinden, zeigt, wie nahe wir uns im Grunde sind – bei allen äußeren Verschiedenheiten. »Das Persönlichste ist das Allgemeinste«, sagt Carl Rogers, einer der Gründerväter der humanistischen Psychologie.* Er hat beobachtet, dass gerade jene Erfahrungen, die wir als privat und sehr persönlich bezeichnen, bei anderen Menschen die stärkste Resonanz finden, wenn wir sie weitergeben. Das Eigenste und Einzigartige in uns ist das, was uns am tiefsten mit andern verbindet. Auf dieser Ebene sind wir uns nahe, erwachsen Begegnungen, Beziehungen, und, wenn man das große Wort gebrauchen will: Liebe.

Ich erzähle in diesem Buch persönliche Geschichten. Das »Ich«, das da spricht, ist meines. Es könnte aber sein, dass Sie, liebe Leserin, lieber Leser, sich in der einen oder anderen Geschichte wiederentdecken. Ich gehe sogar davon aus, dass es oft so ist.

Diese Geschichten sind über einen Zeitraum von zwölf Jahren entstanden. Seit 2002 schreibe ich Monat für Monat eine Kolumne, die unter dem Titel »Spiritualität im Alltag« im größten Kirchenboten der Schweiz, »reformiert.« erscheint (bis 2008 im Vorgängerorgan »saemann«). Für dieses Buch habe ich eine Auswahl zusammengestellt, in teilweise leicht überarbeiteter Form. Etliche dieser Texte spiegeln auch die Stimmung einer Jahreszeit, so dass ein eigentliches Jahreslesebuch in vier Teilen – Frühling, Sommer, Herbst und Winter – entstanden ist.

---

* Im amerikanischen Original heißt dieser bemerkenswerte Satz: »The most personal is the most universal«.

Bei dieser Gelegenheit möchte ich den Kolleginnen und Kollegen vom »reformiert.« für ihre Unterstützung und Begleitung herzlich danken, insbesondere Samuel Geiser, Martin Lehmann, Rita Jost und Hans Herrmann.

Ist das Leben tatsächlich schön, wie der Titel suggeriert? Vielleicht antworten Sie spontan mit Ja, vielleicht mit Nein, wahrscheinlich werden Sie aber zögern, überlegen, abwägen. Ich nehme Ihnen die Antwort nicht ab. Lieber erzähle ich Ihnen einige Geschichten. Und greife die Frage ganz am Schluss noch einmal auf.

Lassen Sie sich überraschen!

# Frühling:
# Das Erwachen der Zeit

*Es ist schön zu leben,*
*weil leben anfangen heißt,*
*immer, in jedem Augenblick.*

Cesare Pavese

# Das Lied der Amsel

Den Anfang machen die Finken, Rotkehlchen und Meisen. Sie beginnen zu singen, wenn es noch stockfinster ist. Auch der Kuckuck gehört zu den Frühaufstehern. Und natürlich die Amsel mit ihrem unverwechselbaren Gesang. Da kann ich noch so müffelig durch die Dunkelheit eines frühen Morgens ziehen, wenn ich das Lied einer Amsel höre, ist der Tag gerettet. Sie vertreibt für einen Moment meine dummen Sorgen. Vielleicht macht sie sich auch etwas lustig über den frühen Spaziergänger, der sich sorgt, statt den Anbruch des neuen Tages zu genießen. Soll sie nur, sie hat ja recht.

Die Amsel singt so vielfältig, wie wir Menschen sprechen. Sie besitzt ein großes Repertoire an Lauten und demonstriert einen fast unerschöpflichen Reichtum an musikalischen Einfällen. Ihre Melodien dauern mit rund drei Sekunden ähnlich lang wie unsere Sätze. Aber sie tönen schöner. Wir sind punkto Melodie etwas näher beim monotonen Tschilpen der Spatzen, die übrigens zu den Spätaufstehern gehören. Singvögel dagegen verfügen über ein Ausdrucksvermögen, das selbst Sprachforscher erstaunt. Ihre Sprache ist Musik in unseren Ohren – und kaum zu übersetzen.

Natürlich, mit dem Gesang versucht das Vogelmännchen ein Weibchen anzulocken und sein Revier gegen männliche Rivalen zu verteidigen. So jedenfalls erklären es die Menschen. Doch die Vögel halten sich nicht immer daran. Manchmal singen sie weiter, auch wenn das Nest gebaut, das Weibchen gefunden und der Nachwuchs gesichert ist. Für die Menschen muss alles einen Zweck haben. Für die Vögel nicht. Sie singen, wie Biologen heute vermuten, auch aus purer Freude.

Doch sie müssen immer lauter singen. Die Menschen machen zuviel Lärm. Messungen zeigen, dass die Lautstärke des Vogelgesangs in der Nähe von stark befahrenen Straßen deutlich zunimmt. Vor allem Stadtvögel zwitschern intensiv gegen den Umweltlärm an und sind deshalb um einiges lauter als ihre Artgenossen auf dem Land. Auffällig ist, dass sie nur von Montag bis Freitag so aufdrehen. Am Wochenende, wenn der Lärmpegel sinkt, werden auch die Stadtvögel wieder leiser.

Nur zu, ihr Vögel, singt an gegen den Lärm dieser Welt! Bitte hört nicht auf, lasst euch nicht entmutigen, macht weiter! Trällert, zwitschert, jubiliert und pfeift, was ihr nur könnt! Eure fröhliche Demonstration mitten im Stadtverkehr gefällt mir. Sie vertreibt die Griesgram-Stimmung und weckt Hoffnung. Es gibt mehr als das öde Brummen der Motoren. Es gibt Farben und Freude, Lieder und Leidenschaften. Wenn das keine gute Nachricht ist!

Am liebsten würde ich mich euch gleich anschließen, nur kann ich leider nicht so schön singen – und schon gar nicht fliegen.

Aber vielleicht lerne ich das ja noch.

# Die Kunst des guten Lebens

Jetzt weiß ich es. Die Antwort ist da. Es sieht gut aus. Sehr gut sogar: Ich habe noch fast 30 Jahre zu leben! Woher ich das weiß? Ein Test im Internet, ein paar Fragen, und schon erhalte ich Bescheid: Ich werde »mit einer gewissen Wahrscheinlichkeit« 90 Jahre alt. Das ist doch eine ganz erfreuliche Perspektive!

Allerdings habe ich ein bisschen nachgeholfen. Beim ersten Versuch wäre ich nämlich nur 89 geworden, was ich schade fand. Wenn schon so alt, dann würde ich gerne auch noch den Neunzigsten feiern. So habe ich es noch einmal versucht. Es gab nämlich eine Testfrage, die ich auch anders hätte beantworten können. Ich wusste nicht, ob ich ankreuzen sollte, ich sei »öfter depressiv« oder »in glücklicher Grundstimmung«. Als vorsichtiger Mensch wählte ich zuerst die depressive Variante, was die erwähnten 89 Jahre ergab. Nun änderte ich das und erklärte mich zum glücklichen Menschen – und prompt erhielt ich das fehlende Jahr.

Doch die Sache schien mir etwas unsicher, weil ich ja nicht immer glücklich bin. Ich nahm einen dritten Anlauf und kreuzte diesmal beide Möglichkeiten an, was zwar widersprüchlich scheint, aber auf mich am besten zutrifft: öfter depressiv – *und* in glücklicher Grundstimmung. Und siehe da: Es klappte auch mit dieser etwas paradoxen Variante. Willkommen zu meinem neunzigsten Geburtstag am 25. April 2042!

Während ich so rechne, schaut mir der alte Seneca über die Schulter und schüttelt den Kopf: »Worauf starrst du? Wonach reckst du dich? Alles, was kommen soll, liegt im Ungewissen. Los, lebe sogleich!«

Er hat mich erwischt, der Weise aus dem alten Rom. Meine Berechnungen sind Spiel und Spekulation, mehr nicht. Selbst die Tatsache, dass eine Schweizer Universität am Online-Test mitgearbeitet hat, garantiert mir noch kein langes Leben. Für Seneca kommt es ohnehin nicht auf die Anzahl Jahre an: Man kann auch alt werden, ohne je richtig gelebt zu haben, stellt er fest, so dass »inmitten der Vorbereitung auf das Leben das Leben endet.«. Seine Bilanz ist denn auch ziemlich ernüchternd: »Ein kleiner Teil des Lebens ist es, den wir auch wirklich leben.«

Das ist für den römischen Philosophen der entscheidende Punkt. Ein langes Leben ist ein erfülltes Leben, egal ob es nun 70 oder 90 Jahre dauert: »Es ist nicht wenig Zeit, die wir haben, sondern es ist viel Zeit, die wir nicht nutzen.« Wer alles auf die Zukunft verschiebt, bestiehlt nach Seneca die Gegenwart und verkürzt damit sein Leben.

Umgekehrt gilt: »Das Leben ist lang, wenn man es recht zu nutzen weiß.« Damit ist nicht Nützlichkeit und Effizienz gemeint, sondern die Wertschätzung jedes einzelnen Augenblicks, wie immer dieser auch aussehen mag: »Alle Stunden umfasse mit beiden Armen. So wirst du weniger vom Morgen abhängen, wenn auf das Heute du die Hand legst.«

Und was ist nun mit dem Jahr 2042?

Seneca: Vergiss es, lebe jetzt!

# Perlmans tröstliche Weisheit

Ich habe mich einmal, lange ist's her, mit einer Geige abgemüht. Ich war ein Kind und sollte ein Instrument spielen lernen. Die Geigenlehrerin hatte es schwer mit mir: Ich habe kaum geübt. Ich kam unvorbereitet in die Stunde und strich mit dem Bogen lustlos über die Saiten. Es klang falsch, manchmal blieb ich auch stecken. Du musst besser üben, ermahnte mich die Lehrerin, selber eine bekannte Geigerin. Ich übte nicht besser. Ich übte gar nicht. Es war ein Fiasko. Irgendwann haben wir uns dann getrennt, die Geigenlehrerin, die Geige und ich.

Und jetzt lese ich von einem der bekanntesten Geiger und staune: Itzhak Perlman hat unter schwierigsten Umständen zu wahrer Größe gefunden. Er wurde 1945 in der israelischen Hafenstadt Jaffa geboren. Als Vierjähriger erkrankte er an Polio, ist seither behindert, trägt Stützen an beiden Beinen und geht an Krücken, oft unter großen Schmerzen. Schon als Kind hatte er eine große Leidenschaft: die Geige. Ganz für sich alleine erprobte er die Möglichkeiten dieses Instruments. Er übte unermüdlich und brachte es so weit, dass er in die Musikakademie von Tel Aviv aufgenommen wurde. Damit begann ein kometenhafter Aufstieg.

Im Verlauf nur weniger Jahre wurde Perlman zum großen Star unter den Geigern. Er zog in die USA und füllt dort bis heute die Konzertsäle. Auf seinen Erfolg bildet er sich nichts ein. »Ich spiele einfach Geige«, erklärt er, »das ist alles, was ich kann. Ich kann sonst nichts und habe auch keine große Ausbildung vorzuweisen. Ich übe einfach jeden Tag.«

Bei einem Konzert in New York passierte ihm einmal ein Missgeschick. Er hatte eben die ersten Akkorde gespielt, als eine Saite riss. Es wurde ganz still im Saal. Perlman wartete, schloss für einen Moment die Augen und bat dann den Dirigenten, noch einmal zu beginnen. Das Orchester setzte ein, und der gebrechliche Geiger spielte mit so viel Leidenschaft und Hingabe, dass sich das Publikum am Schluss erhob und minutenlang applaudierte. Es soll eines seiner besten Konzerte gewesen sein.

Eigentlich ist es gar nicht möglich, ein Violinkonzert mit drei Saiten zu spielen. Itzhak Perlman wollte sich dieser Unmöglichkeit nicht beugen. Er erfand das ganze Stück neu, veränderte es und entlockte seinem Instrument Töne, wie er sie noch nie gespielt hatte. »Wissen Sie«, meinte er am Schluss, »manchmal ist es die Aufgabe eines Künstlers, herauszufinden, wie viel Musik man noch machen kann mit dem, was einem übrig geblieben ist.«

Auch wenn ich mit der Geige gescheitert bin, auch wenn ich sonst im Leben einiges nicht geschafft oder verloren habe – dieser eine Satz zeigt, dass das alles nicht so wichtig ist. Musik kann man immer machen. Sogar mit nur drei Saiten.

# Das ist das Paradies

Was ist Glück? Philosophen, Theologen und andere Gelehrte haben sich darüber die Köpfe zerbrochen und keine Antwort gefunden. Auch die Psychologie vermag es nicht zu definieren. Eigentlich seltsam: Da suchen alle das Glück, doch niemand weiß, was es eigentlich ist. Aber, in aller Bescheidenheit, ich habe es herausgefunden: Glück ist, wenn man kein Zahnweh hat.

Ist es so einfach? Vielleicht schon. Wenn man einige Tage unter fürchterlichen Zahnschmerzen leidet und schließlich davon befreit wird, ist das wie der Übertritt von der Hölle ins Paradies. Der schwedische Autor Lars Gustafsson schreibt: »Das Paradies muss darin bestehen, dass ein Schmerz aufhört. Aber das bedeutet doch, dass wir im Paradies leben, so lange wir keine Schmerzen haben. Und wir merken es nicht.«

Da könnte ich also meinem seitlichen Backenzahn, dem Sechser unten links, beinahe dankbar sein, dass er mich mit seinem Störmanöver auf das Glück des Daseins aufmerksam gemacht hat. Er meldete sich eines Morgens mit einem dumpfen Schmerz. Wird nicht so schlimm sein, dachte ich. Und es wurde schlimmer. Die Schmerzattacken häuften sich und strahlten giftig über die ganze linke Gesichtshälfte. Schließlich blieb nur noch der Zahnarzt. Fünf Behandlungen, seither herrscht wieder Ruhe im Mund.

Nur mit dem Paradies ist es so eine Sache. Kaum war nämlich der Zahn kuriert, kehrten auch die alten Unzufriedenheiten zurück. Gründe zum Unglücklichsein finden sich ja immer, meist sind sie ziemlich banal: Das Wetter, der Blick in den Spiegel, ein verspäteter Bus. So hält sich das kleine tägliche Unglück. Es ist mir so vertraut, dass es mir wohl fehlen würde, wäre es eines Tages verschwunden. Ich bin wahrscheinlich nicht paradiestauglich.

Der Sechser unten links trägt den lateinischen Namen Molar, was auf Deutsch Mühlstein heißt. Seit über fünfzig Jahren zermalmt er alles, was ich mir so in den Mund schiebe. Zur Kenntnis genommen habe ich ihn nie. Und einen Dank hat der gute Molar natürlich auch nie erhalten. Unzufriedenheit, so meine Vermutung, hat etwas mit Undankbarkeit zu tun, und diese wiederum mit Unachtsamkeit. Vielleicht wollte Molar mir nur das mitteilen.

Fast alles im Leben funktioniert ganz selbstverständlich. Das ist schön, hat aber auch einen Nachteil: Es wird nicht beachtet. Ein Leben ohne Zahnweh weiß erst zu schätzen, wer einmal Zahnweh hatte. Und es braucht verdammt viel Aufmerksamkeit, um nach diesem Erlebnis nicht gleich wieder in die alte Grummelbrummel-Stimmung zurückzufallen.

Momentan gefährdet die Zahnarztrechnung mein eben entdecktes Glück. Soviel Geld für Molars Beschwerden!

Muss der Eintritt ins Paradies denn so teuer sein?

# Tante Berthis Relativitätstheorie

Meine Armbanduhr zeigt wie alle Uhren die Zeit an. Aber nicht die gleiche Zeit wie die andern Uhren. Sie geht vor. Zwei bis drei Minuten, so genau weiß ich es nicht. Und das nicht wegen eines Defektes, sondern weil ich sie so einstelle. Auf die Idee gebracht hat mich als kleiner Knirps Tante Berthi (die in Wirklichkeit eine Großtante war). Sie hat mir einmal erzählt, dass sie immer einen kleinen Zeitvorrat besitze, weil sie ihre Uhr um einige Minuten vorstelle. Mir hat das damals eingeleuchtet, und so halte ich es bis heute.

Wer sagt denn, dass meine Zeit falsch sei? Zeit ist bekanntlich relativ. Das sagte nicht Tante Berthi, sondern Albert Einstein. Nach seiner berühmten Relativitätstheorie gibt es keine absolute Zeit, die immer und überall gilt. Die Uhren laufen im Universum verschieden schnell, je nachdem, wo sie sich befinden und wie schnell sie bewegt werden. Der Fluss der Zeit kann sich beschleunigen oder verlangsamen. Was Vergangenheit, Gegenwart und Zukunft ist, lässt sich deshalb nicht eindeutig bestimmen. Das ist für uns Normalverbraucher schwer vorstellbar, für die Physik aber eine Tatsache.

Meine relative Zeit gilt für mich trotzdem absolut, weil sie mir den Schutzraum von ein paar Minuten garantiert. Ich verfüge über eine kostbare Zeitreserve. Sie lindert den Zeitdruck und reduziert den Stress. Genügend Zeit zu haben ist in einer Gesellschaft permanenter Zeitnot ein Luxus. Den leiste ich mir.

Natürlich habe auch ich ab und zu das Gefühl, dass

mir die Zeit davonläuft. Aber wo läuft sie denn hin? Das hat bisher noch niemand herausgefunden. Deshalb können wir sie auch nicht zurückholen. Und anbinden lässt sie sich schon gar nicht. Sie entzieht sich dem menschlichen Zugriff. Es ist bis heute nicht ganz klar, was Zeit wirklich ist. Sie bleibt eines der großen Mysterien der Natur.

Und trotzdem schaue ich jetzt auf die Uhr und stelle fest, wie schnell die Zeit wieder vergangen ist. Eigentlich vergeht sie meistens zu schnell, außer in unangenehmen Momenten – dann kann sie sich ewig in die Länge ziehen.

Wie schnell vergeht sie nun wirklich? Die Frage ist einfach, die Antwort nicht. Die Zeit kann sich nicht selber messen. Die Feststellung, dass sie mit einer Sekunde pro Sekunde vergeht, sagt nichts aus. Vielleicht vergeht sie ja auch gar nicht, wie einige Physiker vermuten?

Meine treue Armbanduhr kümmert sich nicht um solch komplizierte Fragen. Sie tickt im Takt und lässt die Zeiger schön regelmäßig über das Zifferblatt wandern. Sie vermittelt mir den Eindruck, dass die Zeit etwas Solides und Absolutes ist. Was natürlich nicht stimmt. Albert Einstein hat's nachgewiesen. Und ich habe mit dem Tante-Berthi-Trick noch etwas nachgeholfen.

Also, wie spät ist es jetzt?

# Schlaf für Erwachte

Bald erwachen die Siebenschläfer. Die kleinen Nager mit ihren großen schwarzen Augen und dem buschigen Schwanz schlafen vom Oktober bis im Mai ganze sieben Monate lang. Das ist allerdings noch nichts im Vergleich zu den sieben jungen Männern, die zu Zeiten der Christenverfolgung in eine Höhle bei Ephesus geflüchtet sind, dort angeblich zweihundert Jahre geschlafen haben und in einer völlig veränderten Welt wieder erwacht sind. Diese heiligen Siebenschläfer werden auch im Koran erwähnt, der ihre Schlafdauer gar auf 309 Jahre erhöht.

Siebenschläfer sind auch wir, wenn auch in einem andern Sinn: Ein Erwachsener schläft heute im Schnitt sieben Stunden. Vor zwanzig Jahren waren wir noch Achtschläfer. Und bald sind wir vielleicht Sechsschläfer. Die Schlafdauer nimmt laufend ab. Früher bestimmte das Sonnenlicht den rhythmischen Wechsel zwischen Wach- und Ruhezeiten. Heute macht das Kunstlicht die Nacht zum Tag, die natürlichen Rhythmen geraten durcheinander und die Ruhezeiten werden immer kürzer.

Den Seinen gibt's der Herr bekanntlich im Schlaf. Doch wenn die Seinen nicht mehr schlafen, kann er ihnen auch nichts geben. Eine unausgeschlafene Gesellschaft ist arm an Inspirationen und Visionen, dafür chronisch übermüdet. Das kann gefährlich werden: Im Frühjahr 1986 haben erschöpfte Techniker nach einer durchwachten Nacht durch Fehlmanipulationen die Reaktorkatastrophe von Tschernobyl ausgelöst. Heute brüsten sich

Führungskräfte damit, wie wenig Schlaf sie brauchen. Oft merkt man es ihren Entscheidungen aber auch an, und man würde gerne dem einen oder andern Leistungsträger etwas mehr Ruhe verordnen.

Der Schlaf entführt uns in eine seltsame Zone der Machtlosigkeit und des Nichtseins. Er gilt als kleiner Bruder des Todes. Aber er ist ein freundlicher Bruder, der Dichter Friedrich Hebbel bezeichnet den Schlaf sogar als »genossenen Tod«. Das hört sich vielleicht merkwürdig an. Doch wer sich abends in die Kissen bettet, die Augen schließt und sanft ins vorübergehende Nichtsein versinkt, kann auf den Geschmack kommen. Dem Essayisten Michel de Montaigne hat das so gefallen, dass er sich von seinem Diener in der Nacht wecken ließ, um das Vergnügen zu haben, nochmals einschlafen zu können.

Das kleine abendliche Glück: Alles hinter sich lassen und für ein paar Stunden im Nirgendwo verschwinden. »Drei Dinge helfen, die Mühseligkeiten des Lebens zu tragen«, schreibt Immanuel Kant: »Die Hoffnung, der Schlaf und das Lachen.« Ein schönes Dreigespann! Und eine gute Übung: Einschlafen in der Hoffnung, wieder zu erwachen, und dann beim Erwachen einfach lachen.

Aber bitte nicht zu laut. Die Siebenschläfer schlafen noch.

# Es darf gelacht werden

Es ist so selbstverständlich, dass sich kaum jemand darüber wundert. Dabei ist es äußerst komisch: Das Lachen. Da verziehen Menschen ihre Mundwinkel, schütteln sich und und geben seltsame Töne von sich. Sie wiehern und gackern, sie krächzen und quietschen in allen Tonlagen. Viele schließen dabei ihre Augen, bei einigen kullern Tränen über die Wangen. In der gröberen Variante kreischen sie, japsen nach Luft, krümmen sich und scheinen gleich zu platzen, so dass man sich beinahe Sorgen um sie machen muss. Doch die Attacke ist so schnell vorbei, wie sie gekommen ist.

Herrgott, was für eine seltsame Erfindung, dieses Lachen! Eigentlich höchst unzivilisiert, einfach so loszuprusten und sich gehen zu lassen. Kurze Momente einer ungebändigten Freiheit, jenseits von Regel und Konvention. Menschen zeigen sich dabei gelegentlich von Seiten, die ihnen unter normalen Umständen peinlich wären. Aber das alles dauert bloß ein paar Sekunden und so bleibt die Fassade, die eben einen leichten Riss bekommen hat, gewahrt.

Das Lachen hat etwas Anarchistisches. Es durchbricht den geordneten Lauf der Dinge und bringt alles etwas durcheinander. Es lässt sich nicht machen und auch nicht einfach abstellen. Der Schriftsteller George Orwell deutet das Lachen als kleine Revolte, als trotziges Aufbegehren gegen die Normen von Verstand und Moral. Es lockert nicht nur die Gesichtsmuskeln, sondern auch das Denken. Feste Meinungen und fixe Muster geraten ins

Wanken, Selbstverständliches wird in Frage gestellt, neue Perspektiven eröffnen sich. Eine durchaus befreiende Erfahrung.

Im Spätmittelalter ist in den Kirchen der Brauch des Osterlachens aufgekommen. Lachen als Protest gegen das Erstarrte, Tote – und als Ausdruck einer tiefen Freude. Um die Gemeinde während des Ostergottesdienstes zum Lachen zu animieren, erzählten die Pfarrer gerne lustige Geschichten und Witze. Einige gingen dabei ziemlich weit, machten die Kanzel zur Bühne, schnitten Grimassen, streckten die Zunge heraus, grinsten, grunzten und provozierten bis an die Grenze des guten Geschmackes.

Im sittenstrengen Protestantismus kam dieser Brauch nicht gut an, auch die Aufklärer fanden ihn höchst unvernünftig, und so verstummte das österliche Gelächter und der liturgische Ernst zog ein.

Sie mögen übertrieben haben, die Showmänner auf der Kanzel, die Grenze zwischen lustig und primitiv ist bekanntlich schnell überschritten. Doch ein herzhaftes Lachen würde nach wie vor gut zu Ostern passen. Schließlich ist dieses Fest eine fröhliche Demonstration für das Leben und das Lebendige.

Auch wenn – oder gerade weil – dieses Leben oft schwierig ist: Es darf gelacht werden!

# Die Konferenz der Tiere

Eine merkwürdige Schar von Tieren trifft sich jedes Jahr zum Osterfest. Angeführt wird sie vom Hasen. Wegen seiner Fruchtbarkeit gilt er als Symbol des Lebens. Er ist heute das populärste Ostertier. Doch schon kommt das Lamm und blökt, in der Ostergeschichte komme kein Hase vor, dafür das Lamm Gottes. Blödes Opfertier, kräht der Hahn dazwischen, ich bin wichtiger: Mit meinem Ruf wecke ich die Menschen und begrüße das Licht, das die Finsternis vertreibt.

Das Trio an der Spitze gibt ein kurioses Bild ab. Kein imposanter Löwe, kein mächtiger Elefant und kein stolzer Adler, dafür ein scheuer Hase, ein verletzliches Lamm und ein krächzender Hahn. Das zentrale Fest der Christenheit wird von einer ziemlich durchschnittlichen Tiergesellschaft begleitet.

Anzutreffen sind die österlichen Symboltiere auf Bildern und Glasfenstern in Kirchen oder als Steinfiguren auf Friedhöfen. Einige spielen auch im Brauchtum eine Rolle. Hase, Lamm und Hahn sind die bekanntesten, aber bei weitem nicht die einzigen. Auch der Esel gehört dazu. Er hat Jesus am Palmsonntag nach Jerusalem getragen und gilt als Tier des Friedens. Oder der Schmetterling, der auf subtile Weise das Geheimnis von Tod und Auferstehung verkörpert: Als Raupe ist er gestorben, als Sommervogel zu neuem Leben erwacht.

Und dann der Pfau: Mächtig plustert er sich auf. Weil er sein leuchtend farbiges Federkleid im Herbst abwirft und im Frühjahr ein neues erhält, gilt er der christlichen

Kunst des Mittelalters als Auferstehungssymbol. Bei so viel Pracht kann die Weinbergschnecke nicht mithalten. Aber auch sie zählt zu den Ostertieren, schließlich stößt sie im Frühling den Kalkdeckel ihres Häuschens auf und streckt leise ihre Fühler aus: Auferstehung im Schneckentempo.

Und dann hat sich noch einer in die Reihe der Ostertiere eingeschlichen, der eigentlich gar nicht dazugehört: der Pelikan. Die frühen Christen meinten, er füttere seine Jungen mit dem Blut seiner Brust. Doch was sie für Blut hielten, war bloß eine Verfärbung des Gefieders im Kehlenbereich, wie sie für den Krauskopfpelikan während der Brutzeit typisch ist.

Zu keinem andern Fest im Kirchenjahr versammeln sich so viele Tiere wie zu Ostern. Sie zeichnen sich aus durch Hingabe und Wandlungsfähigkeit, Geduld und Wachsamkeit. Natürlich gäbe es auch anderes über sie zu berichten: Der Hase ist ängstlich, das Lamm unselbständig, der Esel stur, der Pfau eitel, die Schnecke schleimig. Keine perfekten Vorbilder also, sondern Wesen mit schönen und weniger schönen Seiten. Genau wie wir.

Und das macht sie doch erst recht sympathisch, diese bunte tierische Ostergesellschaft.

# Endlich grünes Licht!

Immer wenn ich die Straße überqueren will, schaltet die Ampel auf Rot. Ich muss immer warten. Immer ich. Fünfundneunzig Prozent aller Züge verkehren pünktlich, erklären die Verantwortlichen der Schweizer Bahnen. Ich erwische regelmäßig die restlichen fünf Prozent. Immer ich!

Die Aktionsangebote, wie sie mit großen Buchstaben in der Zeitung angepriesen werden, mögen verlockend klingen. Doch wenn ich dann einmal profitieren will, ist das Objekt der Begierde bestimmt vergriffen. Andere sind mir zuvorgekommen, ich bin zu spät. Immer ich.

Gar nicht zu reden von meinen Ferien. Die beginnen meist nach einer langen Schönwetterperiode und enden nach einer langen Schlechtwetterperiode. Die Meteorologen reden dann von einer besonderen Wettersituation und bemühen sich um Erklärungen. Ich sehe das einfacher: Es liegt an mir, respektive an meinen Ferien. Ich habe einfach Pech. Immer. Immer ich.

Blödsinn, werden Sie nun denken. Und wahrscheinlich haben Sie recht damit. Denn eigentlich geht es mir gar nicht so schlecht. Genau genommen geht es mir ziemlich gut. Vielleicht sogar sehr gut, wer weiß?

Das Rotlicht ärgert mich trotzdem. Das mag dumm sein, aber so ist es nun mal. Genau genommen ärgere ich mich ja selber. Das ist eine verblüffende Weisheit, die in unserer Sprache steckt: *Ich* ärgere *mich*. Vielleicht meint der mittelalterliche Weisheitslehrer Meister Eckhart solche Verstrickungen, wenn er schreibt: »Du bist die Quelle all deiner Hindernisse.« Eckhart weiß auch Rat für Menschen, die über sich selber stolpern: »Mensch, hüte dich vor dir selbst, so hast du wohl gehütet!«

Also aufgepasst! Die Augen auf und hinaus in die Welt, die mir meistens durchaus freundlich begegnet. Ob die Ampel auf Rot schaltet, der Zug Verspätung hat, die Aktionsangebote vergriffen oder die Ferientage verregnet sind – all das ist Zufall.

Zufall ist ja auch, dass ich überhaupt da bin. Es könnte mich genauso gut nicht geben. Letzteres wäre nach den Modellen und Berechnungen der Wissenschaftler sogar wahrscheinlicher. Aber ich habe riesiges Glück gehabt: Unzählige Male hat das Schicksal zu meinen Gunsten entschieden und mir grünes Licht gegeben. Immer wieder mir.

Ich aber stehe am Straßenrand und ärgere mich, dass die Ampel rot leuchtet und ich den Autos den Vortritt lassen muss: Die könnten doch jetzt auch einmal warten, nicht immer ich!

Ist dies das Ergebnis von 14 Milliarden Jahren Evolution: Ein Fußgänger, der am Straßenrand steht und grummelt?

Die Frage stellen heißt sie beantworten. Damit entspannt sich die Situation. Es ist nicht selbstverständlich, hier zu sein. Es ist ein Geschenk. Ein Grund zur Freude also.

Und schon wechselt die Ampel auf Grün. Ich kann gehen.

# Ein Loch im Socken

Es ist immer dasselbe mit meinen Socken. Kaum habe ich sie eine Weile getragen, kriegen sie Löcher. Meistens ganz vorne, an der Spitze. Die beiden großen Zehen arbeiten sich durch das Gewebe ins Freie. Sie brauchen offenbar frische Luft, und die will ich ihnen ja auch gönnen. Leider können sie die Löcher anschließend nicht wieder schließen. Und so bleiben zwei Öffnungen, die mit der Zeit immer größer werden.

Was ist eigentlich ein Loch? Das Lexikon sagt: Das Loch ist die Stelle in einer homogenen Masse, an der die Substanz fehlt. Wo ein Loch ist, fehlt etwas. Ein Loch ist ein Fehler. Und wer läuft schon gerne mit Fehlern an den Füßen herum? Solange ich Schuhe trage, sieht das zwar niemand. Aber sobald ich sie ausziehe, kommt die unschöne Wahrheit an den Tag. Deshalb behalte ich die Schuhe im Zweifelsfall lieber an. Erst zu Hause muss ich mich meiner fehlerhaften Socken nicht mehr schämen. Vielleicht könnte man sagen: Zu Hause bin ich da, wo ich die Löcher in den Socken nicht mehr verstecken muss.

Wenn ich mich dann auf das Sofa fläze, meine Füße betrachte und die beiden großen Zehen mir durch ihr Loch fröhlich zuwinken, bin ich schon fast versöhnt mit den unperfekten Socken. Aber wenn die beiden sich zurückziehen und nur noch die fehlende Substanz zu sehen ist, gefällt mir der Anblick weniger. Dann brauche ich eine gehörige Dosis Philosophie, um auch dem Loch etwas Gutes abzugewinnen. Zum Beispiel Hegel. Er spricht vom seienden Nichtdasein. Eine seltsame Formulierung. Ich gerate ins Grübeln. Das Paradox gefällt mir: Ein Loch ist da, wo nichts da ist. Es ist etwas und nichts zugleich.

Weder die Maus noch der Mensch könnten ohne das Loch leben, meint Kurt Tucholsky: »Es ist beider letzte Rettung, wenn sie von der Materie bedrängt werden.« Das Loch als Fluchtpunkt, als letzter Ort der Freiheit. Ob das zu meinen Socken passt? Vielleicht sollten diese Löcher eher gestopft als glorifiziert werden. Aber was passiert mit einem Loch, wenn es zugestopft wird, fragt Tucholsky, wo bleibt es dann? Ist es für immer verloren?

Niemand weiß die Antwort. Die Löcher in meinen Socken müssen trotzdem geflickt werden. Nur, o Schande, das kann ich leider nicht selber. Ich muss meine Frau bitten: Du, meine Socken … Sie seufzt. Immer das gleiche Lied. Ein paar Tage später sind die Socken wieder ganz.

Es ist schon so: Ein Loch im Socken verleitet zu allerlei Gedankenflügen. Doch mit Philosophie allein ist das Problem nicht gelöst. Da braucht es schon die Liebe einer Frau, die das seiende Nichtdasein mit Nadel und Faden zum Verschwinden bringt.

Oder, ich gebe es zerknirscht zu, einen Mann, der das auch einmal lernt.

# Mathematik und Mystik

Mathematik war in der Schule nie meine Stärke. Dafür hatte ich meinen Bruder Thomas, ein Mathe-Genie. Stundenlang erklärte er mir all die komplizierten Rechnungen, Gleichungen und Formeln. Mit seiner Unterstützung schaffte ich die Prüfungen, mehr wollte ich nicht. Mathematik schien mir eine furchtbar trockene, abstrakte Sache zu sein.

Unterdessen weiß ich: Die Mathematik ist besser als ihr Ruf. In der Welt der Zahlen verbirgt sich eine ganze Philosophie. Die Zahlen sind eine Art Ursprache des Universums, und zwar eine ewige Ursprache: Die mathematischen Sätze und Formeln kennen kein Verfallsdatum.

Dass die Mathematik sich dem oberflächlichen Zugriff eines mäßig interessierten Schülers entzieht, spricht noch lange nicht gegen sie. Die Mathematik will entdeckt werden, und das kostet einige Mühe. Aber wer sich in ihr Innerstes vorwagt, beginnt zu staunen. Der Nobelpreisträger Werner Heisenberg zum Beispiel sah in einer nächtlichen Vision eine mathematisch strukturierte Welt von berauschender Schönheit.

Dass Mathematik schön sein kann, wusste bereits Pythagoras. Ihm verdanken wir nicht nur den berühmten Lehrsatz vom rechtwinkligen Dreieck, sondern auch die Theorie, dass die ganze Schöpfung auf einem harmonischen Zusammenspiel von Zahlen beruht.

Im ausgehenden Mittelalter spannen etliche Denker diesen Faden weiter. Galileo Galilei erklärte, das Buch der Natur sei in der Sprache der Mathematik geschrieben. Und Theologen vermuteten, dass Gott die Welt nach mathematischen Gesetzen geordnet haben könnte. Für Nikolaus von Kues waren mathematische Kenntnisse denn auch die Voraussetzung, um etwas über das Göttliche zu erfahren. Pech für eine Mathe-Nuss wie mich.

Im 17. Jahrhundert entwickelte Leibniz das aus den Ziffern 0 und 1 bestehende binäre Zahlensystem, auf dem die moderne Computer-Technologie beruht. Er verstand die beiden Ziffern als Zeichen der Schöpfung: Die 0 steht für das Nichts, die 1 für das Sein. Seine Schlussfolgerung: »Indem Gott rechnet, entsteht die Welt.« Und hundert Jahre später erklärte der Mathematiker Gauss: »Deus calculat«, »Gott rechnet«. Von da aus war es nur noch ein kleiner Schritt zur Annahme, dass Gott ein Mathematiker sein muss.

Heute sieht alles wieder anders aus: Quantenphysik und Chaostheorie erschüttern die Vorstellung eines streng nach mathematischen Gesetzmäßigkeiten aufgebauten Universums. Mit Zahlen und Rechnen allein ist die Welt offenbar doch nicht zu erklären. Und Gott ist nicht unbedingt ein Mathematiker. Das gefällt mir. Vielleicht hat er – oder sie – ebensoviel Mühe mit abstrakten Zahlen wie ich.

Was soll's? Im Notfall weiß mein Bruder Thomas bestimmt Rat.

# Hilfe für Unentschlossene

Als die Männer von der Umzugsfirma kamen, musste ich schnell entscheiden: den Schreibtisch an die Wand oder frei im Raum? Links oder rechts? Und wohin mit dem Büchergestell? Ich wusste es nicht, sagte mal dies, mal jenes, bis schließlich alles irgendwo stand, aber nichts dort, wo es sein sollte. Nachdem die Männer gegangen waren, schob ich die Möbelstücke noch lange selber durch den Raum. Mit dem Ergebnis, dass mich am Schluss eine latente Unzufriedenheit und ein handfester Hexenschuss plagten.

Entscheidungen können ganz schön schwer sein. Selbst dann, wenn es um Leichtgewichtiges geht: Die schwarze oder die blaue Jacke? Die Einladung annehmen oder absagen? Eine kleine oder eine große Portion? Bei mir verläuft es dann so, dass ich hin und her überlege, irgendwann entscheide und sogleich befürchte, die falsche Wahl getroffen zu haben. Was manchmal auch zutrifft.

Immerhin habe ich entschieden. Eine andauernde Unentschiedenheit kann nämlich verhängnisvolle Folgen haben, wie ein altes Gleichnis zeigt: Da steht ein Esel zwischen zwei gleich großen Heuhaufen und weiß nicht, welchen er zuerst fressen soll. Weil er sich einfach nicht entschließen kann, verhungert er schließlich. Aus Angst vor einer falschen Entscheidung gar nicht zu entscheiden ist zwar auch eine Entscheidung – aber bestimmt nicht die klügste.

Der Philosoph Sören Kierkegaard kennt dieses Dilemma. Ihm bereitete schon die Auswahl der passenden Tasse für seinen Nachmittagskaffee unendliche Mühe. Die Möglichkeit der Wahl macht uns erst wirklich zu Menschen, schreibt er. Doch er brauchte Jahre, um herauszufinden, ob er seine Verlobte heiraten soll oder nicht. Am Ende verließ er sie – und bereute es sein Leben lang. »Entweder – oder« heißt der Titel eines seiner Hauptwerke. Selber blieb er oft dazwischen stecken.

Kierkegaard weiß auch, was die Wahl zur Qual macht: Es ist die Idee, das Richtige wählen zu können. Das ist gar nicht möglich, meint er, weil wir die Folgen einer Entscheidung nie genau kennen. Den Entscheidungsschwachen empfiehlt er, mutig eine Wahl zu treffen, ohne sich groß um das Ergebnis zu kümmern. Was für ihn zählt, ist die Wahl an sich. Sie formt den Menschen und zeigt ihm, wie es um ihn steht. Sie hat für den Philosophen sogar etwas richtig Feierliches. Die Wahl als Ritual. Das braucht Zeit. Unentschlossene wie ich sind damit rehabilitiert. Sie feiern einfach ausgiebig ihr Ritual.

Übrigens, wenn ich jetzt um mich blicke, scheint mir klar, wo die Möbel stehen müssten. Soll ich noch einmal umstellen? Ja? Nein? Janein? Neinja? Ach, ich lass es wohl lieber sein.

Oder doch nicht?

# Die Sache mit dem Gedächtnis

Vor wenigen Minuten hat er sich vorgestellt. Wir haben ein angeregtes Gespräch geführt. Und jetzt, beim Abschied, will mir sein Name partout nicht einfallen. Mein Gedächtnis! Huber? Bucher? Schubert? Wo ist dieser verflixte Name bloß verschwunden? Um mich aus der Affäre zu retten brummle ich etwas Unverständliches, während er locker »Auf Wiedersehen, Herr Marti« sagt. Eins zu Null für Herrn Huber, Bucher, Schubert oder so ähnlich. Ich befürchte, mein Gehirn verkommt allmählich zu einem löchrigen Sieb.

Kein Grund zur Panik, sagen die Fachleute: Die Gedächtnisleistung lässt ab dem 25. Lebensjahr nach, das ist ein ganz natürlicher Vorgang. Und mit den Jahren haben wir dermaßen viele Informationen im Hirn gespeichert, dass es nicht immer leicht ist, die richtige zu finden, einen Namen zum Beispiel. Alles okay also? Nicht ganz. Es gibt nämlich noch eine andere, ganz simple Erklärung: Ich habe nicht gut zugehört. Während er sich vorgestellt hat, habe ich mir überlegt, wie ich ihm mein Anliegen vortragen soll. Mein Gehirn war beschäftigt, der Name flutschte durch. Zuhören erfordert Aufmerksamkeit. Wenn diese fehlt, hilft auch das beste Hirn nichts.

Fast alle mögen es, wenn sie mit Namen angesprochen werden. Name und Respekt sind nun einmal miteinander verbunden. »Der Name ist ein Stück des Seins und der Seele« (Thomas Mann). Für viele ist der Name sogar ihr persönliches Lieblingswort. Sie freuen sich, ihn zu hören, und sind frustriert, wenn er vergessen wird. Sie deuten diese Unaufmerksamkeit als Zeichen mangelnder Wertschätzung.

Kürzlich habe ich in der Stadt den …, ach wie heißt er jetzt schon wieder? Ist ja egal, den Dingsbums getroffen und ihn sogleich erkannt, aber seinen Namen nicht gefunden. Hallo Lorenz, rief er, und ich winkte ihm zu. Gesichter können wir uns leichter merken als Namen, was einen einfachen Grund hat: Ein Gesicht erzählt ganze Geschichten, während der Name ein abstraktes Gebilde bleibt. Früher waren Namen mit Bedeutungen und Funktionen verknüpft, heute haben viele keinen Bezug mehr zum Alltag und sind deshalb schwer zu behalten. Unter einem Schneider kann man sich etwas vorstellen, unter einem Marti nicht (ein Grund, all jenen zu verzeihen, die meinen Namen nicht mehr wissen).

Also, wie helfe ich jetzt meinem miesen Namensgedächtnis auf die Sprünge? Es gibt einen einfachen Trick: Ich schüttle beim Kennenlernen dem Gegenüber die Hand und spreche seinen Namen aus. Dieses kleine Ritual aktiviert nach Ansicht der Fachleute die grauen Zellen im Gehirn und der Name bleibt besser haften.

Bei Herrn Huber, Bucher, Schubert oder wie auch immer er heißt, habe ich diesen Trick leider – vergessen. Mein Gedächtnis!

# Kleiner Dieb, große Fragen

Eines schönen Tages habe ich als Kind begonnen zu klauen. Zuerst nur ganz vorsichtig, im kleinen Quartierladen von Frau Kropf. Einen Kaugummi vielleicht, eine kleine Schokolade und ein paar Bonbons, was eben gerade so verlockend in Griffnähe lag. Frau Kropf war klein und trug eine Schürze. Sie kannte ihre Kunden und vertraute ihnen. Auch ich war klein, aber nicht immer vertrauenswürdig.

Später habe ich etwas mehr riskiert. Im Warenhaus EPA habe ich Klebestreifen mitgehen lassen, einen Kugelschreiber und ein Messband. Im Spielzeuggeschäft Franz Carl Weber, einem meiner liebsten Aufenthaltsorte, steckte ich ein kleines Auto in die Hosentasche. Und im Süßwarenladen Merkur vergriff ich mich an der Schokolade. Dabei wurde ich allerdings erwischt. Eine Kundin hatte mich beobachtet und befahl mir, jetzt sofort zur Kasse zu gehen und meinen Diebstahl zu beichten.

Mit hochrotem Kopf schlich ich zur Kasse. Nicht um zu beichten, sondern um mich mit gespielter Unschuld nach dem Preis dieser Schokolade zu erkundigen. Leider zu teuer, seufzte ich dann und legte das Diebesgut ins Gestell zurück. Die Kundin war unterdessen verschwunden und ich war frei. Gerade noch einmal davongekommen. Damit war meine Karriere als Dieb beendet.

Aus der Biografieforschung weiß man, dass Menschen ihre gemeinen Taten gerne in die Vergangenheit verlegen. Früher, ja, da hat man einige krumme Sachen gemacht, aber das ist längst vorbei. Heute ist man ganz anders, besser natürlich. Das entspricht zwar nicht immer den Tatsachen, verhilft aber zum angenehmen Gefühl, ein anständiger Mensch zu sein.

Den Laden von Frau Kropf gibt es längst nicht mehr, die EPA ist verschwunden, der Merkur ist einmal und der Franz Carl Weber zweimal weiterverkauft worden. Meine kleinen Diebstähle werden kaum zum Ende dieser traditionsreichen Geschäfte beigetragen haben. Wahrscheinlich wurden sie nicht einmal bemerkt. Doch mir sind sie heute noch peinlich. Und ich weiß nicht einmal, ob ich mich inzwischen gebessert habe.

Natürlich stehle ich nicht mehr. Aber ich nehme ab und zu etwas mit, was mir nicht gehört. Lasse zum Beispiel einen Kugelschreiber aus dem Büro mitlaufen. Stibitze in der Kneipe einen schönen Bierdeckel. Oder klaue eine gute Idee. Peanuts, gewiss, aber genau genommen auch eine subtile Form von Diebstahl. Und was ist mit all den Gütern, die ich schamlos konsumiere, während andere unter die Räder geraten?

Ethische Fragen können unangenehm werden, wenn man sie ganz konkret in den eigenen Alltag übersetzt. Aber genau auf diese Übersetzung kommt es an. Ethik will nicht geglaubt, sondern praktiziert werden.

Eines kann ich Ihnen übrigens versichern: Die Idee zu diesem Text habe ich niemandem geklaut, die ist von mir, hundertprozentig, Ehrenwort!

# Glaube, Geld und Zweifel

Als Kleinsparer habe ich mich lange kaum an die Börse gewagt. Doch dann meinte ein Bankberater, aus meinem Geld wäre mehr zu machen. Aha, das interessierte mich natürlich. Wäre doch dumm, das Geld liegen zu lassen, wenn es sich von selber vermehren kann! Ich schlug alle Bedenken in den Wind und folgte seinem Lockruf. Das Ergebnis: Auch ich habe Erspartes an der Börse verloren.

Der Banker war ein freundlicher Herr mit Gel in den Haaren, auf dessen Visitenkarte trotz seines jugendlichen Alters »Senior Consultant« stand. Er war felsenfest davon überzeugt, dass mit guten Investitionen mittelfristig immer ein Gewinn zu machen sei. Er sagte dies im Chor mit all den Finanzexperten, welche das gute alte Sparkonto verlachten und einträglichere Anlagen empfahlen.

Eigentlich nichts für mich, doch wahrscheinlich blendete mich die Gier. Jedenfalls war ich leichtsinnig genug, das Märchen von der wunderbaren Geldvermehrung zu glauben.

Doch die Zweifel ließen sich nie ganz verscheuchen. Das hatte die seltsame Folge, dass es bei der jährlichen Depot-Besprechung immer mehr um Glaubensfragen ging.

Als dann das erste kleine Beben durch die Finanzwelt ging, gestand ich meinem Bankberater, dass ich in Gefahr sei, meinen Glauben zu verlieren. Ich sagte es genau mit diesen Worten, was mir im Besprechungszimmer einer Bank etwas seltsam vorkam.

Doch der Banker war ein glaubensfester Mensch. Er schüttelte den Kopf: Nein, das werde schon gut, bald gehe es wieder aufwärts. Muss ich das glauben?, fragte ich. Es sei vernünftig, darauf zu setzen, meinte er. Und wenn ich es nicht glauben kann? Jetzt führten wir ein eigentliches Glaubensgespräch, wobei er das Wort Glaube tunlichst vermied.

Aber genau darum ging es. Es soll mir jedenfalls niemand kommen und behaupten, unserer Gesellschaft sei der Glaube abhanden gekommen! Dummes Zeug. Wir alle glauben, und wie! Womöglich aber an die falschen Dinge.

Wie auch immer: Dem freundlichen Banker gelang es schließlich, mich zu bekehren.

Und dann kam alles anders. Die Börse rasselte in den Keller und alle waren ratlos. Auch die Fachleute zeigten sich überfordert. Die frecheren unter ihnen behaupteten nun, sie hätten den Einbruch schon immer vorausgesagt. Mein Berater gehörte nicht zu ihnen. Er zuckte hilflos mit den Schultern und vertröstete mich auf bessere Zeiten.

Und darauf warte ich jetzt, ohne große Hoffnung. Weg ist weg, der Verlust bleibt eine Tatsache. Was mich dabei tröstet ist die Erkenntnis, dass die Finanzkrise auch meine Meisterin ist. Sie konfrontiert mich mit den wirklich wesentlichen Fragen: Worauf setze ich? Was glaube ich? Was ist wichtig? Auch lehrt sie mich, dass ein begründeter Zweifel besser ist als ein naiver Glaube. Und dass es oft klüger ist, der inneren Stimme zu folgen statt dem Rat der Experten.

Gewiss eine nützliche Lektion, wenn auch eine ziemlich teure.

# Das philosophische
# Rasiermesser

Was selbstverständlich scheint, kann seltsam wirken, wenn wir es von nahem betrachten. Das Rasieren zum Beispiel. Da suchen sich unzählige feinste Härchen im Backen- und Kinnbereich einen Weg durch die Haut und strecken sich scheu an die frische Luft. Aber kaum ist der Durchbruch geschafft, kommt schwupp ein Messer und schneidet sie weg. Doch die Härchen lassen sich nicht kleinkriegen. Sie versuchen es wieder. In meinem Falle ohne die geringste Aussicht auf Erfolg. Sie wagen es trotzdem.

Der englische Schriftsteller George Bernhard Shaw erzählt, wie er als Fünfjähriger seinen Vater beobachtete, der sich gerade rasierte. »Daddy«, fragte er ihn, »warum rasierst du dich?« Der Vater schaute erstaunt in den Spiegel und schwieg. Dann warf er sein Rasiermesser auf den Tisch und rief: »Verdammt noch mal, warum rasiere ich mich eigentlich?« Er soll sich nie wieder rasiert haben.

Die Warum-Frage ist gefährlich, plötzlich steht Mann mit einem Bart da. Also mache ich besser weiter, putze mit dem Rasierhobel die stoppeligen Dinger weg und kehre die Frage um: Warum mir einen Bart wachsen lassen, wenn es auch ohne geht?

Damit wären wir beim philosophischen Sparsamkeitsprinzip des mittelalterlichen Franziskanermönchs und Universalgelehrten Wilhelm von Ockham. Es besagt, dass man die Dinge nicht komplizierter machen soll, als sie sind. Alles, was es zur Erklärung einer Sache nicht braucht, ist überflüssig und kann weggeschnitten werden. Dieses Prinzip ist als »Ockhams Rasiermesser« in die Philosophiegeschichte eingegangen.

Im 20. Jahrhundert ist eine Variante dazugekommen: Hanlons Rasiermesser, wobei nicht eindeutig geklärt ist, wer dessen Urheber ist. Es lautet: »Schreibe nichts der Böswilligkeit zu, was durch Dummheit hinreichend erklärbar ist.« Menschliches Fehlverhalten kann auf viele Weisen erklärt werden, doch oft steckt bloß Dummheit dahinter. Wenn ich an meine Fehlleistungen denke, kann ich Hanlon weitgehend zustimmen. Bevor ich das nächste Mal einen komplizierten Rechtfertigungsversuch starte, nehme ich also besser sein Rasiermesser, schneide alle vernebelnden Wortwolken weg und gebe einfach zu: Ja, ich war dumm.

Sorgfältig fahre ich mit dem Rasierhobel über Backe und Kinn, Strich um Strich. Eine monotone Tätigkeit, aber auch ein schönes Ritual. Zudem eine gute Gelegenheit, über das nachzudenken, was wirklich wichtig ist im Leben. Und den ganzen Rest einmal wegzuschneiden, mit Ockhams, Hanlons oder dem eigenen Rasiermesser.

Wie schön ist es, am Schluss mit der Hand über die glatt rasierte Haut zu streichen, die sich jetzt fein wie ein Pfirsich anfühlt – bis die Härchen einen weiteren Aufstand wagen, wie immer ohne Aussicht auf Erfolg.

# Ein verstohlener Blick zur Seite

Sie steigt in den Bus ein und ich denke, Moment, das ist doch Anna! Eine Bekannte aus alten Tagen, schon ewig nicht mehr gesehen. Aber ganz sicher bin ich mir nicht. Sie bleibt stehen, schaut sich um und nimmt auf dem freien Sitz neben mir Platz. Jetzt kommt bestimmt ein freudiges Hallo. Nein, nichts tut sich. Sie sitzt neben mir, als ob ich ein völlig Fremder wäre. Vielleicht bin ich es ja auch. Ich schiele zu ihr hinüber. Doch, es könnte sie sein, die Gesichtszüge kommen mir bekannt vor. Aber da die vermeintliche Anna kein Zeichen gibt, ist sie es vielleicht doch nicht.

Die Jahre haben in ihrem Gesicht Spuren hinterlassen, denke ich bei meinem Seitenblick. Sie ist deutlich älter geworden. Ich schaue wieder weg. Falls sie mich jetzt ebenso diskret mustert, denkt sie bestimmt: Ob er es wohl ist? Die Jahre haben in seinem Gesicht Spuren hinterlassen, er ist deutlich älter geworden. Und so sitzen wir beiden älter Gewordenen schweigend nebeneinander.

Alle im Bus schweigen, es ist noch früh am Morgen, die Leute sind auf dem Weg zur Arbeit. Wenn ich nur wüsste, ob sie Anna ist oder nicht. Eigentlich könnte ich sie ja direkt fragen. Aber was mache ich, wenn sie es nicht ist und meine Frage als plumpe Anmache missversteht? Und, fast noch schwieriger: Was mache ich, wenn sie es ist? Was sollen wir uns während einer kurzen Busfahrt denn sagen, wo wir uns seit bald zwanzig Jahren nicht mehr gesehen haben?

Natürlich, ich könnte sie einmal ganz unverbindlich aufs Wetter ansprechen. Dann wäre es an ihr, das Versteckspiel zu beenden oder nicht. Aber ich bin nun mal ein Herr Schüüch*, und dieser quatscht nicht einfach Leute an, auch nicht um bloß übers Wetter zu reden.

Sie hält sich an der Handtasche auf ihren Knien fest und schaut geradeaus. Ich halte mich an meinem Rucksack auf meinen Knien fest und schaue geradeaus. Die andern Fahrgäste sind stumm in ihre Gratiszeitung vertieft. Im Zweiminutentakt meldet sich die Stimme aus dem Lautsprecher mit der Stationsansage. Bald muss ich aussteigen. Ich werde »Entschuldigung« sagen, sie wird aufstehen und mir Platz machen. Vielleicht erkennt sie mich dann und das Rätsel ist gelöst. Wir werden ein paar unverbindliche Worte wechseln, ich werde aussteigen und ihr zum Abschied winken.

Es ist soweit. Ich sage »Entschuldigung«, sie steht auf und macht mir Platz. Ich wage nicht, sie direkt anzuschauen. Deshalb weiß ich nicht, ob sie mich anschaut und vielleicht erkennt. Ich steige aus. Die Türe schließt sich, der Bus fährt ab, und ich bin erleichtert. Ach, und falls sie jetzt diese Zeilen liest: Doch, doch, Anna, der ältere Herr neben dir war ich. Glaube ich jedenfalls.

So ganz sicher bin ich mir auch da nicht.

---

* Herr Schüüch ist die Erfindung des Schweizer Karikaturisten Hans Moser. »Schüüch« heißt schüchtern; Herr Schüüch ist der Inbegriff eines scheuen, überkorrekten Menschen.

# Nicht wahr? Nicht wahr!

Es gibt Leute, die beenden jeden Satz, der ihnen wichtig scheint, mit einem »Nicht wahr?«. Eigentlich ist das eine Frage, doch eine Antwort wird nicht erwartet. Vielmehr wird das stillschweigende Einverständnis des Gegenübers vorausgesetzt. Das »Nicht wahr?« soll klar machen, dass die Aussage eindeutig ist und dass es keinen Widerspruch geben kann, geben darf. Zugleich deutet es aber auch eine leichte Unsicherheit an, denn wer seiner Sache sicher ist, kann auf diese rhetorische Floskel verzichten. Vielleicht ist es eben doch nicht ganz so wahr?

Mit der Wahrheit ist es so eine Sache. Sie lässt sich nicht festbinden, und wer meint, sie zu besitzen, hat sie bereits verloren. Denn die Wahrheit ist zu schlau, um sich einfangen zu lassen, wie Wilhelm Busch feststellt.

Zwar ist es gewiss wahr, dass die Erde sich um die Sonne dreht. Doch vor ein paar Jahrhunderten hielten die Menschen mit ebenso großer Gewissheit das Gegenteil für wahr. Heute zieht uns die Erkenntnistheorie zusammen mit den modernen Naturwissenschaften den Boden unter den Füßen weg, wenn sie sagt: Was wir als Wirklichkeit bezeichnen, ist nicht die Wirklichkeit an sich, sondern unsere Vorstellung von der Wirklichkeit. Eine Teilwahrheit höchstens, aber nie die ganze Wahrheit.

Ein Stein ist hart, das ist wahr. Umgekehrt sagt aber die Quantenphysik, dass ein Stein im Innersten nicht aus fester Materie besteht, sondern aus einem vibrierenden

Feld von Energien. Welches ist jetzt die »wahre« Natur des Steines? Eine Blume ist an sich auch nicht so farbig, wie sie uns erscheint: Die Farben entstehen erst im Zusammenspiel von Blume, Licht und menschlichem Auge.

Dazu kommt, dass jede Wahrnehmung durch unser Vorwissen geprägt wird, durch all das, was wir im Verlaufe der Jahre erlebt haben. Diese Vorstellungen verstellen die Sicht auf die wahre Natur der Dinge. Es ist, als ob wir die Welt durch eine grüne Brille betrachten würden: Dass sie uns grün erscheint, hat nichts mit der Welt zu tun, sondern mit unsern Brillengläsern.

Wer dies weiß, wird nicht mehr leichtfertig von *der* Wahrheit sprechen. Vorsicht ist angesagt. Die eigene Sichtweise ist jedenfalls nicht die ganze Wahrheit.

Etwas einfacher wird es, wenn wir die Aufmerksamkeit nicht auf die objektive, sondern auf die subjektive Wahrheit richten. Der Philosoph Kierkegaard geht diesen Weg. Er fragt nicht: Was ist Wahrheit?, sondern: Was ist Wahrheit für mich? Kierkegaard ist überzeugt, dass die wirklich wichtigen Wahrheiten immer persönlich sind. Sie gelten nicht absolut, sie gelten für den Einzelnen.

Ach, wohin habe ich mich da verirrt? Ich wollte doch nur über dieses rechthaberische »Nicht wahr?« schreiben – und stehe plötzlich vor den tiefsten Fragen menschlicher Existenz.

Also mache ich hier einen Punkt. Und soviel ist immerhin gewiss: Ein Punkt ist und bleibt ein Punkt, nicht wahr?

# Sommer:
# Der Ruf des Weges

*Vor uns lag noch ein längerer Weg.*
*Uns sollte es recht sein.*
*Der Weg ist das Leben.*

Jack Kerouac

# Der dunkle Begleiter

Er verfolgt uns, leise und unaufdringlich. Er kommt und geht, ohne Spuren zu hinterlassen. Er huscht vorbei, spielt mit uns, narrt uns. Er verzerrt unser Abbild, lässt Große schrumpfen und Kleine groß werden. Wir können ihm nicht davonlaufen, er uns auch nicht. Doch meistens bemerken wir ihn gar nicht und er ist einfach da, unser treuer, stiller Begleiter, der Schatten.

Der Schatten genießt keinen guten Ruf. In vielen Kulturen wird er mit der Unterwelt, mit Tod und Verderben in Verbindung gebracht. Die Schattenseite einer Sache ist bekanntlich schlecht. Negative Erlebnisse hinterlassen einen Schatten auf der Seele. Und wer im Schatten steht, wird übersehen. Genau genommen führt selbst der Schatten ein Schattendasein. Er bleibt eine Form ohne Materie, ein flüchtiges Nichts. Höchste Zeit, ihn aus dem Schatten zu holen!

Denn: Eine Welt ohne Schatten wäre eine flache, einförmige Welt. Um Räume in ihren Tiefendimensionen wahrnehmen zu können, brauchen wir die Schattenlinien. Sie verleihen den Dingen Konturen. Selbst der Himmel konnte erst mit Hilfe des Schattens vermessen werden. So schloss Aristoteles aus der Beobachtung des Erdschattens auf dem Mond, dass die Erde eine Kugel ist. Jahrhunderte später brachte der Schatten der Venus das alte Weltbild zu Fall: Galilei deutete ihn als Beweis, dass nicht die Erde, sondern die Sonne im Zentrum steht.

Wo Licht ist, ist auch Schatten, heißt es. Umgekehrt

ist es genauso richtig: Wo Schatten ist, ist auch Licht. Der Schatten als Gegenpol zum Licht bleibt auf dieses angewiesen, um existieren zu können. Er erzählt vom Licht. Er ist die sichtbare Spur, welche das Licht, das auf ein Hindernis trifft, hinterlässt. Er bewegt sich im Grenzbereich zwischen Licht und Materie.

Ohne Schatten lässt sich kaum leben, wie Adelbert von Chamissos trauriges Märchen von Peter Schlemihl zeigt: Dieser verkauft seinen Schatten an den Teufel. Ein Geschäft, das er bald bereut. Denn als Mann ohne Schatten ist er seinen Mitmenschen unheimlich und wird gemieden. Mit seinem Schatten hat er einen Teil seiner Persönlichkeit verloren. Vergeblich versucht er, den Handel rückgängig zu machen.

Tragen Sie also Sorge zu Ihrem Schatten! Er ist kostbar. In der Südsee sollen sich die Menschen früher zur Mittagszeit kaum aus dem Haus getraut haben aus Angst, ihren Schatten für immer zu verlieren. Tatsächlich verschwindet er fast, wenn die Sonne senkrecht am Himmel steht. Doch wir erhalten unseren dunklen Begleiter garantiert zurück. Schon am frühen Nachmittag heftet er sich wieder still an unsere Fersen und folgt uns überall hin.

Wahrscheinlich bemerken wir ihn nicht einmal, obwohl er zu uns gehört.

# Baumelnde Seelen

Der Sommer, so lese ich in einer großen Tageszeitung, sei die Zeit, um die Seele baumeln zu lassen. Und ich frage mich, wie das gehen soll. Wo finde ich das geheimnisvolle Ding, das Seele genannt wird – und wie lasse ich es baumeln? Und ich frage weiter: Angenommen, ich hätte meine Seele gefunden – möchte diese denn überhaupt baumeln? Oder würde ihr nur schlecht dabei? Also, bevor meine Ferien anbrechen, sollte ich diese Fragen doch noch klären.

Beginnen wir bei der Seele. Nach klassischer Vorstellung ist sie das eigentliche Zentrum des Menschen, seine Wesensmitte. Viele Kulturen gehen davon aus, dass sie unsterblich ist. Anders die alte jüdische Tradition: Für sie gehört die Seele zum Körper und stirbt mit ihm; das Erste Testament kennt keine Zweiteilung des Menschen in Leib und Seele. Auch Jesus, der Jude, macht diese Unterscheidung nicht. Aber später hat das Christentum von der griechischen Philosophie die Vorstellung übernommen, dass die Seele getrennt vom Leib existiert und nach dem Tod weiterlebt.

Im Hinduismus heißt die Seele Atman und stirbt nie. Mehr noch: Dieser innerste Kern einer Person ist identisch mit Brahman, dem Absoluten. Ein Gedanke, der auch den mystischen Traditionen von Judentum und Christentum vertraut ist, welche vom göttlichen Funken in der Seele des Menschen sprechen. Anders der Buddhismus: Nach Buddhas Lehre gibt es keinen unvergänglichen Kern, keine ewige Seele. Vielmehr ist alles dem dauernden Wechselspiel von Werden und Vergehen unterworfen.

Es ist offensichtlich schwierig, zu bestimmen, was die Seele ist – oder nicht ist. Der Begriff kommt aus dem Althochdeutschen und heißt »die zum See Gehörende«. Die Seele bleibt unfassbar und wird deshalb in Ost und West auch mit dem Wind und dem Hauch des Atems verglichen. Niemand kann sie sehen oder festhalten – und schon gar nicht baumeln lassen.

Baumeln: Je länger ich über dieses Wort nachdenke, desto seltsamer erscheint es mir. Der Duden führt es auf den Baum zurück, baumeln heißt demnach »an einem Baum hängend sich hin und her bewegen«. Aber wie soll ich meine Seele an einen Baum hängen?

Der Duden hat noch eine andere Erklärung: Baumeln könnte vom Verb bammeln stammen, das ursprünglich die Bewegung eines Glockenklöppels bezeichnet und mit bimmeln und bummeln verwandt ist. Klingt doch gut! Aber leider gehört zur Verwandtschaft des Baumelns auch der Bammel, und das gefällt mir weniger.

Ich ahne, dass es so etwas wie eine Seele gibt, aber ich weiß auch, dass ich nichts über sie weiß. Sie bleibt ein Geheimnis. Und die unmögliche Übung mit dem Baumeln lasse ich lieber sein.

So packe ich meine Siebensachen und fahre in die Ferien. Ich gehe wandern. Nein, nicht mit Baumeler*, sondern mit meiner Frau. Das könnte meiner Seele gut tun.

---

* Baumeler heißt ein großes, auf Wanderferien spezialisiertes Schweizer Reisebüro.

# Wie ein Berg flach wird

Die Berge haben für Wanderer viele Vorteile, aber auch einen gravierenden Nachteil: Der Weg hinauf ist meist steil, der Aufstieg entsprechend anstrengend. Doch flache Berge gibt es leider keine, die Mühe gehört nun mal dazu. Aber es lohnt sich, denn weit oben eröffnet sich eine ganz besondere Welt.

Bis ins Mittelalter haben die Menschen die Berge gemieden, weil sie in der Abgeschiedenheit von Felsen, Eis und Schnee Dämonen und böse Geister vermuteten. Dann kam der humanistische Dichter Francesco Petrarca. Er wollte es wissen und stieg auf einen Gipfel.

Petrarca lebte im 14. Jahrhundert und sein Berg war der Mont Ventoux im südlichen Frankreich. Zu seiner Zeit war es höchst ungewöhnlich, dass da einer ohne Notwendigkeit, einfach nur aus Interesse, so hoch hinaus wollte. Würden sich die Berggeister rächen? Petrarca glaubte nicht an solch dunkle Mächte. Er schätzte die Natur, wollte sie erleben und erkunden. Seine Bergwanderung markiert kulturhistorisch den Übergang vom Mittelalter zur Neuzeit.

In einem langen Brief protokollierte der Dichter seine Erlebnisse. Schon die Auswahl seiner Gefährten bereitete ihm Schwierigkeiten. Der eine war ihm zu geschwätzig, der andere zu schweigsam, ein dritter zu dick und ein vierter zu dünn. Die Wahl fiel schließlich auf seinen jüngeren Bruder. Dieser war konditionell allerdings stärker und wählte den direkten Aufstieg, während Petrarca etliche Schlaufen machte und sich dabei mehrmals verirrte.

Oben angekommen, war er ziemlich erschöpft, aber auch überwältigt von der uneingeschränkten Rundsicht. Er setzte sich auf einen Stein, zog die »Confessiones« von Augustinus aus der Tasche und las ein paar zufällig aufgeschlagene Sätze. Die Landschaft verschmolz mit den Worten zu einem Erlebnis, das ihn zutiefst bewegte.

Petrarcas Brief ist der erste Bericht einer freiwilligen Bergwanderung. Seine Besteigung des Mont Ventoux im Jahre 1336 gilt als Geburtsstunde des Alpinismus. Dabei ging es ihm nicht um eine sportliche Spitzenleistung, sondern um neue Perspektiven für sein Leben, die er sich vom Aufstieg auf den Gipfel erhoffte. Er wollte nicht nur den Berg, sondern auch sich selber näher kennenlernen.

Eines konnte Petrarca nicht wissen: Wenn er besser auf seinen Begleiter geachtet hätte, wäre ihm der Aufstieg nicht so schwergefallen. Nach einer Studie des amerikanischen Hirnforschers James Coan schaffen Menschen den Weg auf den Gipfel nämlich leichter, wenn sie mit andern unterwegs sind. Alleine empfinden sie den Berg als steiler, als wenn ein Freund oder eine Freundin dabei ist. Je länger und je besser man sich kennt, umso flacher erscheint der Anstieg.

Das ist der Zauber der Freundschaft: Ein Berg, der flach wird.

# Mystik für Nichtschwimmer

Schwimmen war nie meine Stärke. Ich habe Angst vor dem Wasser. Und wenn ich einmal in einen Fluss oder einen See steige, dann kämpfe ich eher gegen das Ertrinken, als dass ich schwimme. Eigentlich bin ich ein Nichtschwimmer. Das ist nicht weiter tragisch, viele andere sind es auch. Aber jetzt lese ich von mittelalterlichen Mystikerinnen, welche ihre intensivsten Gotteserfahrungen mit dem Schwimmen und Tauchen vergleichen. Ausgerechnet!

Katharina von Genua zum Beispiel: »Ich bin eingetaucht in den Quell reiner Liebe, als befände ich mich im Meer, ganz unter Wasser, und könnte nach keiner Seite irgendetwas berühren, sehen oder fühlen als Wasser.« Nichts für mich! Ich brauche festen Boden unter den Füßen, freie Sicht und genügend Luft zum Atmen.

Oder Elisabeth Stagel, eine couragierte Ordensfrau aus Zürich: »Ich schwimme in der Gottheit wie der Adler in der Luft.« Soll ich wasserscheuer Erdling sie um diese Leichtigkeit des schwimmenden Seins beneiden?

Etwas distanzierter Mechthild von Magdeburg: Wenn sie vom Schwimmen spricht, geht es nicht um eigene Erfahrungen, sondern um die eines Fisches. An seinem Beispiel will sie zeigen, dass Gott allen Kreaturen gibt, was sie zum Leben brauchen: »Der Fisch kann im Wasser nicht ertrinken, der Vogel in den Lüften nicht versinken.«

Nun bin ich weder Fisch noch Vogel, sondern Mensch. Wenn ich ins Wasser steige, kann das lange dauern. Ich stecke zuerst vorsichtig einen Fuß hinein und ziehe ihn gleich wieder zurück. Es ist mir immer zu kalt, vielleicht auch zu nass. Es folgt ein zweiter Versuch, ein dritter und vierter, und irgendwann bin ich dann endlich drin – um nach kurzer Zeit gleich wieder herauszusteigen. Nichts von jener glaubensstarken Seligkeit, welche die schwimmenden und tauchenden Mystikerinnen bedenkenlos ins tiefste Wasser steigen lässt.

Meine Mystik, wenn ich überhaupt eine habe, sieht anders aus. Sie beginnt mit vielen Fragen, führt durch viele Fragen und endet mit vielen Fragen. Es ist eine Mystik für Zögerer und Zauderer, für Skeptiker und Zweifler. Kurz: Eine Mystik für Nichtschwimmer. Sie beginnt da, wo ich gerade stehe. Aber sie lässt mich nicht stehen. Vielmehr zieht sie mir immer wieder den Boden unter den Füßen weg, indem sie alles hinterfragt. Auf einmal steht dann überhaupt nichts mehr fest – und ich schwimme!

Bin ich jetzt schwimmender Nichtschwimmer? Oder ein nichtschwimmender Schwimmer? Ich weiß es nicht, und das ist gut so.

# Meditationen eines Einzelgängers

Er ist vor seinen Verfolgern geflüchtet, vielleicht auch vor sich selber. Eben noch war er mit Steinen beworfen und wüst beschimpft worden. Jetzt lag er ganz entspannt in einem Boot, das sanft auf den Wellen schaukelte. Die Berner Behörden hatten ihm vorübergehend Asyl gewährt.

Er war ein seltsamer Geselle, exotisch gekleidet mit einem armenischen Kaftan und einer großen Pelzmütze auf dem Kopf, zudem hatte er sich mit fast allen verkracht. Doch jetzt, auf dem See, fand er zur Ruhe. Er streckte sich aus, schaute zum Himmel und tat nichts. Meditation würden wir das heute nennen, doch dieses Wort war ihm fremd. Er sprach von »Träumereien, die keinen bestimmten und beständigen Gegenstand hatten«.

Aber er hing nicht nur seinen Träumen nach. Er arbeitete auch. Er streifte durch die Wiesen und Felder und beschrieb mit akribischer Genauigkeit sämtliche Pflanzen der näheren Umgebung, die Gräser und die Blumen, die Flechten auf den Felsen und das Moos im Wald. Zwischendurch ließ er sich am Ufer des Sees nieder und meditierte: »Das Rauschen der Wellen und die Bewegung des Wassers waren Vorgänge, die meine Sinne bannten; sie verdrängten aus mir jede andere Bewegung und versenkten meine Seele in eine wonnige Träumerei.«

Besonders intensiv war dieses Erlebnis, wenn er sein Boot bestieg, in die Mitte des Sees ruderte und sich treiben ließ. In solchen Momenten war er mit sich und der

Welt im Einklang. Was ihn vor allem beglückte, war das Verschwinden der Zeit. Er erlebte, wie »das Gegenwärtige immer andauert«. Diese reine Gegenwart ohne Gestern und Morgen hatte für ihn etwas Göttliches: »Solange dieser Zustand währt, ist man sich selbst genug, wie Gott.«

In solchen Glücksmomenten entdeckte dieser notorisch unglückliche Mensch eine neue Dimension des Daseins: Die Gelassenheit. Er konnte sich der Schönheit des gegenwärtigen Augenblicks überlassen. »Je voudrais que cet instant durât toujours«, notierte er: Möge dieser Augenblick doch ewig dauern.

Nach zwei Monaten war der Traum vorbei. Die Behörden schickten ihn auf Geheiß der Berner Aristokraten weg. Der Flüchtling musste seine Sachen packen und weiterziehen.

Das war im Spätsommer 1765. Unterdessen hat dieser Träumer und Wanderer ein Denkmal erhalten. Da steht zwar nichts davon, dass er ein äußerst schwieriger Mensch war, hier die Meditation entdeckte und schließlich davongejagt wurde. Aber immerhin erinnert es an den Schriftsteller und Philosophen Jean-Jacques Rousseau, der sechs Wochen auf der Petersinsel im Bielersee verbracht hat. Es waren, wie er später notierte, die sechs schönsten Wochen in seinem Leben.

# Wasser, nichts als Wasser

Das Beste ist das Wasser«, heißt es in den Oden des frühgriechischen Dichters Pindar. Weil das Beste mittlerweile nicht mehr gut genug ist, haben wir heute Mineralwasser. Das ist zwar auch nur Wasser, aber besser. Sagen die geschäftstüchtigen Wasserträger des 21. Jahrhunderts. Wir können es ihnen glauben – oder auch nicht. Tatsache ist, dass allein in der Schweiz jährlich mehr als 900 Millionen Liter Mineralwasser konsumiert werden. Viele Flaschen werden von weit her in unser wasserreiches Land gekarrt.

Die Mineralwasserprediger loben die gesundheitlichen Vorzüge ihres Produkts: Es kommt aus den Tiefen der Erde und soll wertvolle Mineralien enthalten. Skeptiker wenden ein, dass auch Leitungswasser Mineralien enthält und wir die nötigen Mineralstoffe ohnehin über die feste Nahrung einnehmen. So bleibt noch ein Argument für das Mineralwasser: Die beigefügte Kohlensäure, welche die erfrischenden Bläschen erzeugt. Wasser mit Gas, wie es heute heißt, was ich ehrlich gesagt nicht gerade appetitlich finde.

Immer mehr Konsumenten ziehen indes ein Mineralwasser ohne Gas vor. Es trägt die edle Bezeichnung stilles Wasser, stillt aber den Durst nicht besser als jenes vom Hahnen. Dafür hat es ein Gewand in Form einer Petflasche. Und macht eine unangenehme Wandlung durch: Wenn es auf Lastwagen zu den Kunden gefahren wird, verursacht auch das stillste Wasser einigen Lärm.

Stille Wasser werden in Flaschen aller Farben und

Formen angeboten. Auf den Regalen reiht sich eine Sorte an die andere. Sie unterscheiden sich aber nur in Aufmachung und Preis voneinander – der Inhalt ist überall derselbe: Pures Wasser. Wie es zu Hause auch aus der Leitung fließt.

Irgendwie werde ich den Verdacht nicht los, dass es sich mit den stillen Wassern wie mit des Kaisers neuen Kleidern verhält: Es wird ein großer Kult gemacht um etwas, das gar nicht vorhanden ist. Ebenso gut könnte man frische Alpenluft in Dosen abfüllen und in den Supermärkten der abgasverschmutzten Agglomerationen zum Kauf anbieten. In einer Zeit der Leichtgläubigkeit ließe sich bestimmt auch Dosenluft gewinnbringend vermarkten, frei nach dem Motto: Frische Luft aus der Dose – und Sie blühen auf wie eine Rose!

Vor zweitausend Jahren hat Jesus Wasser in Wein verwandelt und damit etwas qualitativ Neues geschaffen. Heute wird Wasser in Wasser verwandelt und alles bleibt beim Alten. Statt Wunder und Zeichen – fauler Zauber und Geschäft.

Wirklich wunderbar ist dagegen, wie selbstverständlich hierzulande in fast jedem Haushalt 24 Stunden am Tag frisches Wasser verfügbar ist. Hahnen auf, und schon sprudelt es. Wasser, das nichts anderes sein will als einfach – Wasser!

# Herzenswärme im Krisenland

Die Schuldenberge wachsen, die Banken wanken und die Börsen zittern. Der Franken steigt, der Euro fällt und die Spekulanten machen ihre Geschäfte. Rettungspakete werden geschnürt, Rettungsschirme aufgespannt, Milliardenbeträge verschoben und Menschen auf die Straße geschickt. Dazu das ständige Donnergrollen der finsteren Halbgötter im Himmel der Ratingagenturen. Hallo, wo sind wir eigentlich? Was wird da gespielt?

Mit wachsendem Widerwillen lese ich die Katastrophenszenarien, wie sie dem überforderten Publikum Tag für Tag mit fetten Schlagzeilen präsentiert werden. Lieber würde ich gleich zum Wetterbericht wechseln, der scheint mir zuverlässiger. Aus Pflichtbewusstsein beiße ich mich doch durch den einen oder anderen Artikel, ohne wirklich klüger zu werden. Ob die sogenannten Verantwortungsträger noch den Durchblick haben, wage ich zu bezweifeln. Aber sie tun so als ob und treffen fleißig ihre Entscheidungen.

Irgendwie komme ich mir ziemlich dumm vor. Ich durchschaue das Spiel nicht, vermute aber, es könnte ein abgekartetes Spiel sein. Im Hintergrund, so lese ich, lauern die »Märkte«, welche den Takt vorgeben. Was das genau ist, bleibt ebenso im Dunkeln wie die Personen, die sich dahinter verbergen. Als anonyme Macht befinden diese seltsamen Märkte über ganze Volkswirtschaften und schließlich auch über unser Wohlergehen. Wobei ihnen Letzteres ziemlich egal ist. Was zählt, ist der eigene Gewinn. Die Verluste sollen andere tragen.

Wer diese anderen sind, habe ich auf einer Ferienreise in Griechenland erfahren. Der Nachtportier im Hotel zum Beispiel, ein bleicher, freundlicher Akademiker, der keinen Job findet und gezwungenermaßen die Nacht zum Tag macht. Eine alte Wirtin, die ihren Kaffee mit viel Anmut und Herzlichkeit serviert und dafür fast nichts kassiert. Die Verkäuferin, die uns Süßgebäck schenkt. Oder jener Unbekannte, der uns in einem Straßenlokal die Getränke bezahlt, einfach aus Freude, dass wir gekommen sind. »Ihr habt sicher viel Schlechtes über Griechenland gehört«, sagt er beim Hinausgehen, »ich möchte euch ein anderes Bild vermitteln«. Und weg ist er. Sicher hat er viel weniger Geld als wir, sicher werden wir ihn nie mehr sehen. Er hat mit uns kein Geschäft gemacht – er hat uns etwas geschenkt.

Ist es naiv, an diese Menschen zu glauben, während die Märkte verrückt spielen? Vielleicht schon. Doch nachdem all die scheinbar so Vernünftigen in Wirtschaft und Politik ein derartiges Schlamassel angerichtet haben, erscheint mir diese Naivität wieder ganz vernünftig. Der Philosoph Kant jedenfalls deutet die Naivität als Protest der Aufrichtigkeit gegen alle Verstellungen.

Diesem Protest schließe ich mich gerne an.

# Die Exotik der Nähe

Freust du dich? Die Frage wird mir vor jeder größeren Reise gestellt. Pflichtgemäß sollte ich mit Ja antworten. Doch ich zögere: Na ja, eigentlich schon, aber wenn ich es mir recht überlege, vielleicht doch nicht so. Reisen ist anstrengend. Manchmal auch unangenehm. Am schönsten ist es ohnehin … Wahrscheinlich bin ich ein Reisemuffel.

Es beginnt schon beim Packen, das sich quälend in die Länge ziehen kann. Dann geht es so richtig los: Schlange stehen vor irgendwelchen Schaltern. In ein Verkehrsmittel eingepfercht werden, eng umschlossen von Mitreisenden, die sich vielleicht alle freuen und es im schlimmsten Fall noch laut kundtun. Irgendwann irgendwo ankommen, aussteigen und wieder vor irgendwelchen Schaltern endlos Schlange stehen. Ist auch das überstanden, geht es weiter mit Umherirren, Auskunft suchen, Fahrkarten lösen, Bus suchen, Straße suchen, Unterkunft suchen, Preise aushandeln und so weiter.

»Wie muss man gebaut sein, um das zu ertragen?«, fragte der österreichische Schriftsteller und Diplomat Alexander von Villers – Mitte des 19. Jahrhunderts. Reisestress gab es schon im Zeitalter der Pferdekutschen. »Spreche mir niemand vom Genuss des Reisens, ich glaube nicht daran« muffelte er. Seine Alternative: »Lieber Anemonen und Zyklamen, Farnkräuter und Haselnüsse und Berberitzen blühen sehen und Heckenrosen.« Das klingt gut.

Warum reise ich überhaupt? Ich könnte mir die Antwort leicht machen und sagen: Wegen meiner reisefreudigen Frau. Aber es steckt mehr dahinter: Ich reise, um einfach einmal weg zu sein, andere Welten zu erleben – und dann wieder heimzukehren. Die Rückkehr ist jedes Mal ein Erlebnis. Ich sehe meine vertraute Umgebung mit andern Augen. Was ich längst zu kennen meinte, zeigt sich in einem neuen Licht.

Das Nächste ist merkwürdigerweise oft das Fernste. Als die großen Seefahrer im 18. Jahrhundert immer weiter entlegene Weltgegenden bereisten, erkundete der französische Lebemann Xavier de Maistre die Exotik der nächsten Nähe. Er nutzte einen sechswöchigen Hausarrest für Reisen durch sein Zimmer. Sorgfältig protokollierte er seine Erlebnisse zwischen Bett und Schreibtisch, Sofa und Fenster. Er betrachtete die vertrauten Dinge wie etwas Fremdes, und je länger er hinsah, desto unbekannter und seltsamer erschienen sie ihm. So gewann er in der Enge der eigenen vier Wände einen weiten Blick und erfuhr erstaunlich viel über sich und die Welt. Das eigene Zimmer, so de Maistre, »ist eine paradiesische Gegend, die alle Güter und Schätze der Welt in sich birgt«.

Trotzdem: Ich verlasse es bald. Mit durchaus gemischten Gefühlen. Wir besuchen für ein paar Wochen jenseits des Atlantiks eine der schönsten Ecken der Welt. Furchtbar weit entfernt von hier. Aber ich bin schließlich kein Stubenhocker, sondern ein Reisemuffel. Das ist etwas anderes.

Und bitte fragen Sie mich nicht, ob ich mich freue. Ich weiß es nicht.

# Globalisierter Händedruck

Er ist ein entfernter Bekannter von mir und wurde gelegentlich als Gast ins Weiße Haus eingeladen: W. hat es weit gebracht. Einmal sah ich ein Bild, wie er Bill Clinton die Hand schüttelte. Über W., dachte ich, bin ich mit dem amerikanischen Präsidenten verbunden! Clinton wiederum hat vielen andern Persönlichkeiten die Hand geschüttelt, von Tony Blair über Bill Gates bis zu Barack Obama, dem Papst und vielen Showgrößen von Hollywood. Mit ihnen allen bin ich über nur zwei Zwischenstationen in Verbindung. Und sie wiederum haben ihrerseits einer endlosen Zahl von Menschen die Hand gereicht.

So kenne ich über meinen Bekannten W., Clinton und all die Leute nach Clinton die halbe Welt. Wenn diese Hälfte jetzt der andern die Hand gibt, telefoniert oder eine E-Mail schreibt, geht es nicht mehr lange, und ich habe über ein paar wenige Mittelsleute Kontakt zur ganzen Welt. Ein unsichtbares Geflecht von endlos vielen Verbindungen spannt sich rund um den Globus, und ich bin ein Teil davon. Man muss sich das mal vorstellen: Ein entfernter Bekannter, ein Händedruck, und bald bin ich indirekt mit sieben Milliarden Menschen verbunden.

Zugegeben, das ist jetzt etwas schnell gegangen und mathematisch nicht ganz korrekt – aber auch nicht ganz falsch: Wissenschaftler haben nachgewiesen, dass jeder Mensch über wenige Zwischenpersonen jeden andern Menschen kennt. Und das geht erstaunlich schnell: Durchschnittlich bloß 6,6 Personen lang ist die Kette, die zwei beliebige Menschen auf dieser Erde miteinander verknüpft; über Promis wie Clinton wird sie sogar noch etwas kürzer. Das Ganze hat in der Netzwerk-Theorie einen Namen: Kleine-Welt-Phänomen.

Der Gedanke gefällt mir: Heute, wo Globalisierung vor allem Konkurrenz und Wettlauf heißt, globalisiere ich über ein paar wenige Menschen meinen Hände-druck. Ich schüttle dem landlosen Bauern in Brasilien ebenso die Hand wie der Herzchirurgin in Houston, dem Dichter in Indien oder Frau Frutiger in Hintergütz-wil. Ich kenne sie alle nicht und kenne sie über die paar wenigen Mittelsleute eben doch.

Die Welt schrumpft zum globalen Dorf, in dem alle über ein paar Ecken mit allen verbunden sind. Der Fremde wird zum Nachbarn, die Unbekannte am an-dern Ende der Welt zur Frau von nebenan. Und wenn ich mir einmal selber fremd vorkomme, kann ich mich damit trösten, dass mich dafür fast alle andern kennen.

Unterdessen verkehrt mein Bekannter nicht mehr im Weißen Haus und Clinton residiert nicht mehr dort. Aber es geht auch ohne sie. Schließlich eröffnet jeder Händedruck unzählige neue Verbindungen. Ab und zu schafft es vielleicht auch einer rund um den Globus – und landet am Schluss wieder bei mir.

Dann habe ich mir selber die Hand gegeben, und zwar weltweit.

# Brüchiges Idyll im Müll

Eine kleine Insel im Mittelmeer. Alte, eng ineinander verschachtelte Häuser. Zitronenbäume und Weinberge. Fischer, die am Hafen ihre Netze knüpfen. Bunt bemalte Boote, die gemütlich auf dem Wasser schaukeln. Eine Idylle. Wären da nicht die großen Ölflecken, die beim Hafen auf der Oberfläche des Meeres glänzen. Und all die Flaschen, Kartonkisten und Plastikgebinde, die ins Wasser geschmissen und von den Wellen hin- und hergetragen werden. Aber in den Ferien will ich mir die Laune nicht verderben lassen und schaue weg. Gibt es denn nicht ein Anrecht auf eine heile Welt, und sei es nur für zwei Urlaubswochen?

Dann beginnen die Müllmänner zu streiken. Die malerischen Gassen füllen sich mit Abfall. Zuerst sind es Plastiksäcke mit allerlei Kehricht, dann kommen alte Möbelstücke hinzu, zerschlissene Kleider, ein zerbrochenes Lavabo und ein defektes TV-Gerät. Katzen und Hunde reißen die Säcke und Schachteln auf und verbreiten den Müll zwischen den Häusern. Es beginnt zu stinken. Wegschauen geht nicht mehr. Und wie bitte sollte man wegriechen? Das Ferienidyll zerbricht, die heile Welt schwindet.

Da hilft nur noch die Flucht ins Hotel. Mit einem guten Buch auf den Balkon, während die Sonne allmählich im Meer versinkt, dazu ein kühles Glas Wein – was will man mehr?

Aber dann stolpere ich über einen Satz des Philosophen Theodor W. Adorno: »Es gibt kein richtiges Leben im falschen.« Wegschauen ist keine Lösung, meint Adorno in seinen »Reflexionen aus dem beschädigten Leben«, die er während der vierziger Jahre im amerikanischen Exil verfasst hat. Und ein Glück, das auf Verdrängung beruht, ist nach ihm kein Glück – sondern schlicht Dummheit.

Mein Blick wandert zu den kleinen Ölteppichen auf dem Wasser und zum Abfall, der in der Nähe des Ufers schwimmt. Adorno sagt, dass Schönheit und Trost nur findet, wer das Schlimme und Negative direkt anzuschauen vermag und dabei an der Möglicheit des Besseren festhält.

Nach gut einer Woche Streik fahren eines Morgens die Müllmänner wieder auf. In stundenlanger, mühsamer Arbeit lesen sie den ganzen Dreck in den Gassen auf und räumen ihn weg. Endlich!

Einige Tage später reisen wir ab. Vom Schiff aus sehe ich, wie die malerische Insel mit ihren alten Häusern, den Zitronenbäumen und den Weinbergen langsam in der Ferne verschwindet.

Aus dieser Distanz ist es fast wieder perfekt, mein kleines, brüchiges Ferienidyll.

# Die Welt korrigieren

Genial! Bald kann ich die Wirklichkeit so lange korrigieren und retouchieren, bis sie mir passt. Das beginnt bei den Fotos: Tüftler der Fachhochschule Winterthur haben eine Software namens »Tourist Remover« erfunden, mit der Touristen entfernt werden können, die einem ins Ferienfoto gelatscht sind. Es geht ganz einfach: Die Fotos in den PC laden, auf »Touristen entfernen« klicken – und weg sind die Störenfriede, das Bild ist perfekt.

Und es sind ja nicht nur die Touristen: Das Familienfoto wäre auch schöner, würde Onkel Emil nicht genau in dem Moment, als ich auf den Auslöser drücke, seinen Mund unverschämt weit zu einem Gähnen aufreißen. Ein paar Mausklicks, und er ist verschwunden. Tut mir leid, lieber Onkel, das nächste Mal bist du wieder dabei.

Die Sache lässt sich bestimmt ausbauen. Es wäre doch ganz praktisch, am Morgen im überfüllten Bus mit dem Remover ein paar Sitzplätze freizuräumen. Oder im Büro den Chef zu entfernen, der unter der Tür steht und schon wieder etwas will. Und sollten am freien Wochenende schwere Regenwolken aufziehen, wären diese relativ schnell beseitigt. Auch meine negativen Gedanken könnte ich wegputzen, bis sich nur noch Positives im sauber retouchierten Kopf befindet. Aber aufgepasst: Wenn Sie mich ärgern, klicke ich ein paarmal und Sie sind weg.

Als Perfektionist wäre ich nicht mehr zu bremsen. Ich würde immer mehr an der Wirklichkeit herumbasteln.

Überall würde ich etwas entdecken, das nicht ganz ins Bild, in mein Bild passt. Ach, wie unvollkommen und fehlerhaft ist doch diese Welt! Ständig hätte ich etwas zu retouchieren. Ich käme aus dem Korrigieren nicht mehr heraus, hätte kein Auge mehr für die Schönheiten dieser Welt, dafür zwei Augen für all das Unschöne, Fehlerhafte und Korrekturbedürftige.

Eine Sisyphusarbeit. Und käme ich doch einmal an ein Ende, was schon sehr zweifelhaft scheint, es wäre ein trauriges Ende. Ich hätte zwar meine korrigierte Welt, makellos und sauber retouchiert. Aber diese neue Wirklichkeit ganz nach meinen Vorstellungen wäre nicht schön, sondern furchtbar steril und langweilig. Der Traum erwiese sich als Albtraum, und ich würde schleunigst versuchen, sämtliche Retouchen rückgängig zu machen. Eine Unvollkommenheit nach der andern käme wieder zum Vorschein und ich wäre erleichtert. Viele unschöne Dinge und etliche unangenehme Situationen wären wieder da, und ich hätte meine Freude an ihnen.

Eine etwas krumme Geschichte, zugegeben. Also Schluss damit. Aber was mache ich jetzt mit dem Touristen, der seinen Arm in mein wunderschönes Foto vom Sonnenuntergang am See streckt? Ich lasse ihn stehen, obwohl er die Idylle stört. Er gehört dazu. Ohne ihn wäre das Bild irgendwie ärmer.

# Sich (k)ein Bild machen

Fotografieren ist schön, fotografiert werden etwas weniger. Mir jedenfalls fällt es schwer, ganz entspannt in eine Kamera zu gucken, freundlich zu lächeln und geduldig zu warten bis zum erlösenden Klick. Der Fotoapparat registriert mein Unbehagen mit unbestechlicher Präzision, mit dem Ergebnis, dass ich auf vielen Fotos so aussehe, wie ich eigentlich nicht aussehen möchte.

Dabei gebe ich mir alle Mühe, mich möglichst vorteilhaft darzustellen. Leider sieht man dem Bild meine Mühe dann auch an. Ich möchte lässig wirken, entspannt und souverän – und sehe das Foto eines leicht angestrengten und verlegen lächelnden Menschen, der mir nicht so recht gefallen will. Ein Bild, das meinen Idealvorstellungen jedenfalls kaum entspricht, sich aber durchaus eignet, um an mir selber herumzumäkeln.

Die abrahamitischen Religionen Judentum, Christentum und Islam kennen ein Bilderverbot. Es bezieht sich auf die bildliche Darstellung Gottes, wird aber je nach Auslegungstradition auch auf seine Geschöpfe ausgeweitet. Das Verbot soll verhindern, dass das Unverfügbare verfügbar gemacht wird. Es wahrt den Respekt gegenüber dem tiefsten Geheimnis unserer Existenz. Allerdings ist es nie konsequent durchgesetzt worden, und wahrscheinlich ist das auch gar nicht möglich. Wir leben nun einmal mit Bildern. Das Verbot erinnert aber daran, sie nicht zu wichtig zu nehmen – und vor allem nicht mit der Wirklichkeit zu verwechseln.

Mit einer gewiss etwas grob gestrickten Theologie könnte ich schlussfolgern: Auch Gott wird nicht gerne fotografiert. Er oder sie versteckt sich lieber. Und treibt das Versteckspiel gelegentlich auf die Spitze. Als er nach seinem Namen gefragt wird, lautet die Antwort: »Ich bin, der ich bin.« Oder wie Erich Fromm die entsprechende Stelle aus dem Alten Testament übersetzt: »Mein Name ist Namenlos«. Man mag vom biblischen Gott halten was man will, in dieser Hinsicht ist er unübertroffen: Er lässt sich auf keinen Namen und kein Bild festlegen und bleibt so ganz sich selber.

Da kann ich nur lernen. Statt mich abzumühen, mir einen Namen zu machen und ein gutes Bild abzugeben, kann ich es wagen, einfach zu sein, so wie ich nun einmal bin, mit allen hellen und dunklen Seiten.

Ist das zu wenig? Bin ich dann nicht gut genug? Solche Fragen werden unwichtig, wenn ich mir die Antwort des Namenlosen zu eigen mache und den Satz »Ich bin, der ich bin« wie ein Mantra mit mir trage. Er befreit von allen Perfektionszwängen. Und er versöhnt mich mit all den Bildern von mir, die mir nicht gefallen wollen.

Bitte lächeln! Warum auch nicht? Das Ergebnis kann mir eigentlich ziemlich egal sein. Schließlich weiß ich jetzt, wer ich bin. Klick!

# Zwei Mönche im Pulverdampf

Jedes Jahr am ersten August flüchte ich. Manchmal auch schon einige Tage früher. Nicht wegen des Schweizer Nationalfeiertags, nicht wegen der Höhenfeuer, nicht wegen des leuchtenden Farbspektakels am nächtlichen Himmel, sondern wegen der sinnlosen Knallerei, die von Jahr zu Jahr lauter und aggressiver wird. Von früh bis spät kracht es, und ich zucke immer wieder zusammen. Da verziehe ich mich lieber an einen ruhigen Ort. Viele Tiere, insbesondere die Hunde, sind ebenso empfindlich. Und so treffe ich in meinem Exil jenseits der Grenze auf etliche Schweizer Hundebesitzer, die mit ihren Vierbeinern ebenfalls geflüchtet sind.

Was so laut knallt, ist meistens Schwarzpulver. Seit Jahrhunderten wird es für Feuerwerk verwendet. In China soll es dieses Pulver schon vor über tausend Jahren gegeben haben. Dort wurde es vorerst friedlich genutzt und diente rituellen Zwecken. In Bambusstöcke abgefüllt ließen sich damit Feuerwerkskörper herstellen, die bei Festlichkeiten abgebrannt wurden und die Geister vertreiben sollten. Ein Brauch, der auch aus vielen anderen Kulturen überliefert ist.

In Europa waren es merkwürdigerweise zwei Mönche, welche zur Verbreitung des Schwarzpulvers beigetragen haben. Beide lebten im späten Mittelalter. Der eine war der englische Franziskaner und Philosoph Roger Bacon. Er beschrieb in Briefen an Bischof und Papst die Herstellung dieser explosiven Mischung, die er sogar als Kinderspielzeug anpries. Der andere war Berthold

Schwarz, ein Franziskaner aus Freiburg im Breisgau. Schwarz soll durch Experimente mit Schwefel und Salpeter auf das Pulver gestoßen sein, das seinen Namen trägt.

Was zum Kuckuck bringt ausgerechnet zwei Franziskus-Jünger dazu, mit einem gefährlichen Pülverchen zu experimentieren, das damals auch »Donnerkraut« genannt wurde? Wie passt der laute Knall zum stillen Gebet?

So fragt wohl nur ein Mensch des 21. Jahrhunderts. Die beiden Mönche hatten nämlich durchaus Höheres im Sinn. Sie waren Alchemisten und probierten herum, um den innersten Geheimnissen dieser Welt auf die Spur zu kommen. Sie wollten die Materie veredeln und das Elixier der Unsterblichkeit finden. Sie suchten den Stein der Weisen.

Tempi passati. Heute knallt es nur noch, und das nicht zu leise. Ich bin am Packen. Die erste Feuerprobe in Sachen Knallerei habe ich dieses Jahr übrigens bereits hinter mir: Das griechische Osterfest. Am Karsamstag um Mitternacht, wenn der Priester die Auferstehung verkündet, werden im ganzen Land Feuerwerkskörper gezündet. Und weil nicht alle auf diesen feierlichen Moment warten mögen, kracht es auch schon etliche Stunden vorher.

Ehrlich gesagt, die Auferstehung habe ich mir etwas leiser vorgestellt.

# Die Stunde der schönsten Hose

Es war wirklich eine sehr schöne Hose: Elegant geschnitten und angenehm zu tragen. Ein Prachtsstück! Keine Hose für den Alltag, sondern eine für ganz besondere Gelegenheiten. Sie hing jahrelang an einem Bügel im Kleiderschrank. Getragen habe ich sie selten und gewaschen gar nie, weil ich befürchtete, die Waschmaschine könnte sie beschädigen. Meistens blieb diese Hose für die ganz besondern Gelegenheiten im Schrank. Entweder kamen diese Gelegenheiten nicht oder ich vergaß im entscheidenden Moment die Hose.

Dann kam sie: Die Stunde meiner schönsten Hose. Anlass war die Hochzeitsfeier eines Freundes. Zu dieser Feier, das war mir sofort klar, war nur diese eine Hose gut genug. Ich legte sie am Vorabend sorgfältig bereit. Das böse Erwachen kam am nächsten Tag. Als wir aufbrechen wollten, mühte ich mich mit meiner Hose ab. Irgendetwas war geschehen: Sie passte nicht mehr. Da konnte ich mir noch so viel Mühe geben und sogar die Luft anhalten – die Hose war eindeutig eine oder sogar zwei Nummern zu klein. Da sie nie in der Waschmaschine war, hatte sie wohl kaum ihre Form verändert – aber ich vielleicht schon.

Es war ein Murks. Mit viel Mühe konnte ich schließlich die obersten Knöpfe schließen, doch nun war ich so eingeschnürt, dass mir beinahe die Luft wegblieb. Nein, so durfte ich nicht zu einer Hochzeitsfeier, ganz abgesehen davon, dass der Druck die Knöpfe wegsprengen könnte, und das wäre peinlich. Das war der Abschied von der besonders schönen Hose. Kaum einmal hatte ich sie getragen, obwohl oder gerade weil sie mir so gut gefiel. Was blieb mir jetzt anderes übrig, als sie in den Altkleidersack zu stopfen?

Ach wie schade! Die Geschichte der Hose ist hier zu Ende. Aber sie wiederholt sich in wechselnden Variationen. Mal ist es ein Buch, das ich mir für eine besondere Gelegenheit aufspare und schließlich gar nie lese, mal ist es ein guter Kuchen, den ich so lange aufbewahre, bis er verdorben ist. Vielleicht ist es auch der Besuch bei einem lieben Menschen, den ich ewig vor mir herschiebe, bis er sich schließlich erübrigt. Und oft ist es die Zeit, die ich sparen will, indem ich den gegenwärtigen Moment bloß als Sprungbrett zum nächsten und übernächsten benutze, statt ihn zu genießen. So spare und spare ich, hebe mir vieles für die Zukunft auf und werde doch nicht reich dabei. Ganz im Gegenteil: Manch eine Ersparnis verliert ihren Wert, je länger ich sie horte.

Merkwürdig: Der größte Vorteil der erwähnten Hose, ihre Schönheit, war auch ihr größter Nachteil. Die nicht ganz so schönen Hosen trage und wasche ich nämlich regelmäßig. Um sie ist mir nicht bange. Die Schlussfolgerung liegt auf der Hand: Entweder kaufe ich in Zukunft nur noch Kleider, die nicht so schön sind – oder ich gönne mir ein schönes Stück und trage es auch. Und zwar sogleich, hier und jetzt.

# Spiel mit der Selbstkontrolle

Selbstkontrolle« steht auf der gelben Folie, die am Fenster des Regionalzuges klebt. Und weil das eine wichtige Angelegenheit ist, steht es noch in drei weiteren Sprachen: Autocontrollo, Autocontrôle, Self-check. Dazu ein stilisiertes schwarzes Auge, das darüber wacht, dass ich dieser Aufforderung auch nachkomme. Aber warum muss ich mich kontrollieren, wo ich doch schon weiß, dass ich einen gültigen Fahrausweis habe?

Während der Zug durch die Agglomeration rumpelt, überlege ich mir, wie ich die Selbstkontrolle konkret praktizieren könnte: Soll ich aufstehen, und den Fahrgast, der eben noch auf meinem Platz saß und jetzt nicht mehr dort sitzt, bitten, mir seinen Fahrausweis zu zeigen? Dann schnell absitzen, mein Generalabonnement* zücken und es dem Kontrolleur, der eben noch da stand und jetzt nicht mehr da steht, zeigen? Anschließend wieder aufstehen, dem leeren Platz zunicken, Danke sagen, wieder absitzen und mein Abo versorgen? Also wenn mir dabei jemand zuschauen würde …

Absurd, nicht? Aber gar nicht so weit entfernt von der Wirklichkeit. Schließlich kontrolliere ich mich ziemlich oft. Und nicht immer so freundlich wie eben im Zug. Ich bin mir selber ein strenger Kontrolleur. Er hat meistens etwas zu meckern. Mal habe ich das nicht gut gemacht, mal habe ich dort etwas Falsches gesagt, mal sehe ich

---

* Das Generabonnement (GA) ist ein Abo für fast alle öffentlichen Verkehrsmittel der Schweiz.

furchtbar aus. Der Kontrolleur scheint nur darauf zu warten, einen Fehler zu entdecken. Er traut mir nicht. Dumm ist nur, dass dieser Kontrolleur kein Er ist, sondern ein Ich. Meines. Selbstkontrolle eben.

Von der Selbstkontrolle ist es nur ein kleiner Schritt zur Selbstentwertung. Wenn damit nur gemeint ist, dass ich meine Fahrkarte vor der Reise abstempeln muss, ist es ja kein Problem. Aber wenn ich nicht den Fahrschein, sondern mich selber entwerte, wird es heikel. Dagegen ist ein kalter oranger Entwertungsautomat vergleichsweise harmlos.

Entschieden besser lebt es sich ohne Selbstkontrolle und Selbstentwertung. Auch die Reise wird angenehmer. Im Intercity etwa, wo das Selbst nichts zu kontrollieren und zu entwerten hat. Dafür erscheint hier – nein, kein Kontrolleur, sondern eine Zugbegleiterin. Wie schön: Begleitung statt Kontrolle! Und das auf eine äußerst sympathische Weise: Ich werde begrüßt, zeige mein Abo und erhalte dafür einen netten Dank.

Bei soviel Freundlichkeit käme mir nie in den Sinn, ohne gültigen Fahrausweis zu reisen. Zu einem solch verwerflichen Vorhaben könnte mich eher das misstrauische schwarze Auge auf dem giftig gelben Hintergrund mit der darunter geschriebenen Strafandrohung verleiten. Ich mache es trotzdem nicht. Schließlich besitze ich ein Generalabonnement, wie ich bei jeder Selbstkontrolle feststelle, und das erlaubt nun mal keine Schwarzfahrten.

# Das Leben ist eine Baustelle

Das Baufieber schüttelt die Stadt. Wo es begonnen hat, ist nicht mehr auszumachen. Längst hat es auch zentrale Organe angesteckt: das Bundeshaus und den Bahnhofplatz, die Marktgasse, die Kramgasse und etliche Warenhäuser. Gar nicht zu reden von all den andern Baustellen, die einem an jeder Ecke begegnen.

Wo ich auch hinkomme, überall wird gebohrt, gebaggert, gefräst, gehämmert, geschweißt. Gräben werden aufgerissen und wieder zugeschüttet. Straßen neu angelegt. Häuser leergeräumt, umgebaut oder abgerissen. In der Agglomeration verschwinden die letzten freien Flächen. Bäume werden gefällt, Felder zugepflastert, Neubauten hochgezogen.

Der Münsterturm könnte ein Lied davon singen, er sieht die ganze Bauerei von oben. Doch der Münsterturm singt nicht mehr, ihm ist eine Maulbinde in Form eines Baugerüstes verpasst worden. Und so schweigt er, seit Jahren schon, während sein Sandstein leise abbröckelt.

Längst bin ich es gewohnt, mich an rotweißen Abschrankungen und verrosteten Gittern vorbeizuschlängeln, durch provisorische Gänge über Rohre und Leitungen zu steigen, mit dem Lärm der Pressluthämmer in den Ohren und beißendem Staub in den Augen.

Ach, wie schön wäre es doch, wenn einmal alles, aber auch wirklich alles fertig gebaut wäre!

Doch was will ich mich beklagen? So ist die Welt nun einmal. Eine Dauerbaustelle, unbeständig und vergänglich. »Was dieser heute baut, reißt jener morgen ein«, schreibt der Barockdichter Andreas Gryphius in einem Sonett mit dem vielsagenden Titel »Es ist alles eitel«. Ein eigentlicher Baustellenblues. Für Gryphius sind Leben und Welt nur ein Spiel der Zeit, wechselhaft und vorübergehend. Nicht einmal Erz und Marmorstein haben für immer Bestand.

Ganz ähnlich sieht es ein skeptischer biblischer Dichter: »Alles ist Windhauch, Windhauch, Windhauch«, heißt es im Buch Kohelet. Ein solch leiser Dreiklang hat sogar im Lärm der Baumaschinen Bestand. Er ist, bei aller Melancholie, irgendwie tröstlich.

Wenn ich es mir genau überlege, ist ja auch mein Leben eine einzige Baustelle. Ich bin laufend am Auf-, Um- oder Abbauen. Ein paar Bauten gelingen, viele nur halb und einige gar nicht. Aber ich baue unverdrossen weiter, ich kann gar nicht anders. Angenommen, ich wäre einmal fertig mit allem – wäre ich dann überhaupt noch am Leben?

»Uf d Site!«*, ruft mir ein Bauarbeiter zu. Versunken in meine Gedanken wäre ich beinahe von der Schaufel eines Baggers erschlagen worden. Auch das gehört zur Baustelle Leben: Aufmerksamkeit. Wo sich alles immer wieder ändert, muss ich wach bleiben. Schließlich möchte ich weiterbauen. Es gibt für mich noch viel zu tun, selbst wenn der Bahnhofplatz, das Bundeshaus und all die Warenhäuser einmal fertig gebaut sind.

* »Auf die Seite!«

# Die neue Unverbindlichkeit

Ein neues Unwort macht die Runde: Das Verb »andenken«. Während man früher nachgedacht hat, wird heute immer mehr angedacht. Sie müssen nur einmal im Ersteklasseabteil von Bern nach Zürich oder umgekehrt fahren, um bei den geschäftigen Dauertelefonierern mitzuhören, wie dieses oder jenes Problem »angedacht« wurde. Die Floskel signalisiert, dass sich etwas tut, dass eine Lösung in Sicht ist – auch wenn völlig im Nebel bleibt, wie sie konkret aussehen könnte.

Angedacht wird meistens nicht von Einzelnen, sondern von ganzen Teams: »Wir haben es mal angedacht …«: Diese Bemerkung weckt Hoffnungen, dass da noch etwas kommt. Doch oft kommt nichts mehr, weil das Angedachte selten zu Ende gedacht wird. Angedachtes bleibt eine Luftblase, Andenker sind Meister der Unverbindlichkeit.

Das entspricht dem Zeitgeist: Nur ja nichts festlegen, immer alles offen lassen. Heute so und morgen gerade umgekehrt. Solange nur angedacht wird, kann die Richtung jederzeit problemlos geändert werden. Das Angedachte bleibt in der Phase der Vorüberlegung hängen und gerät schnell wieder in Vergessenheit. So wird heute vieles an-, aber nur weniges durchgedacht.

Ich habe da so einen Verdacht: Wer bloß andenkt, ist zu bequem, um wirklich nachzudenken.

Das ist eine freche Unterstellung, gewiss. Und ich bin nicht ganz objektiv, vielleicht sogar etwas neidisch. Mir geht diese Flexibiliät nämlich völlig ab. Meine Gedanken entwickeln sich langsam, brauchen viel Zeit und Ruhe. Trendy ist das nicht. Und meine Bedächtigkeit ist leider auch noch keine Garantie für ein positives Ergebnis. Viele Gedanken, die mir so durch den Kopf ziehen, sind nicht von besonders guter Qualität – aber die behalte ich dann eben lieber für mich, statt sie als Angedachtes sozusagen halbverdaut weiterzugeben.

Auffällig ist die Nachbarschaft dieses modischen Unwortes. Da ist auf der einen Seite das Andenken, welches an etwas Vergangenes erinnert. Doch Andenker können mit der Vergangenheit wenig anfangen, weil sie sich nur für die Zukunft interessieren. Auf der anderen Seite steht die Andacht, die eine besonders tiefe Form des Denkens ist und manchmal auch über das Denken hinaus in die Stille führt. Andacht statt andenken – das wäre eine gute Alternative!

Zu einer Zeit, als noch niemand andachte, hat der französische Philosoph René Descartes sein berühmtes Wort geprägt: »Ich denke, also bin ich«. Was heißt das für die postmodernen Andenker von heute? Nimmt man Descartes beim Wort, dann sind sie nur halb, leben sozusagen probeweise. Immerhin ist nicht auszuschließen, dass sie sich doch noch irgendwann entscheiden zu sein, auch wenn sie vorläufig lieber alles offen lassen.

# Vergessene Grüße

Schon lange sitze ich auf ihnen, und es werden immer mehr. Sind es Hunderte oder sogar Tausende? Ich weiß es nicht und will es auch gar nicht wissen. Es sind auf jeden Fall viele. Viel zu viele. Dabei ist es weder böse Absicht noch Faulheit, sondern schlicht Vergesslichkeit. Aber das ist keine Entschuldigung, ich weiß, höchstens eine Erklärung. Und auch eine Warnung: Lassen Sie nie jemanden durch mich grüßen – der Gruß kommt wahrscheinlich nicht an.

»Lass ihn grüßen!« Klar. »Seisch e Gruess!«* Ja, bestimmt. »Und vergiss es bitte nicht!« Nein, ich werde mir Mühe geben. Der gute Wille ist gewiss da. Aber, verflixt noch einmal, im entscheidenden Augenblick vergesse ich den Auftrag trotzdem. Er kommt mir dann wieder in den Sinn, wenn mir mein Gegenüber, das ich grüßen lassen sollte, seinerseits einen Gruß mitgibt. Das ist ein ungünstiger Moment, um meine Grußbotschaft auszurichten; der oder die andere könnte auf den Verdacht kommen, ich erfände diesen Gruß nur, um nicht mit leeren Händen dazustehen.

Die fleißigste Auftraggeberin ist übrigens meine Frau. Sie gibt mir immer wieder Grüße mit, obwohl sie weiß, dass diese ihre Adressaten selten erreichen. Kürzlich habe ich ihr versprochen, den Gruß auszurichten, den ich vergessen werde, auszurichten – und mit dieser paradoxen Vorgabe hat es tatsächlich funktioniert!

* »Sag einen Gruß!«

Eigentlich ist es ja sympathisch, dass im Zeitalter von Handy, E-Mail und Instant Messaging immer noch Menschen als Grußboten dienen. Erstaunlich ist es nicht, fehlt den elektronisch übermittelten Grüßen doch jeglicher Charme. Zudem sind die virtuellen Kanäle kaum viel zuverlässiger als ein realer, vergesslicher Mensch. Als miserabler Grußbote tröste ich mich damit, dass auch ein unausgerichteter Gruß bestimmt etwas Gutes in die Welt setzt.

Nun ist es nicht nur so, dass ich Grüße vergesse. Ab und zu mache ich auch das Gegenteil und richte Grüße aus, die mir gar nicht aufgetragen worden sind. Einfach weil ich meinem Gegenüber eine Freude machen möchte. Und prompt erhalte ich den Auftrag, den oder die Absenderin ebenfalls grüßen zu lassen, was ich dann wieder … na ja, Sie kennen jetzt die Geschichte.

Meinen Bekannten, Kolleginnen und Verwandten möchte ich noch mitteilen, dass sie bestimmt vergessene Grüße zugute haben, die ich hiermit kollektiv übermittle. Von wem sie stammen, weiß ich leider nicht mehr. Aber das ist auch nicht so wichtig. Hauptsache, ich bin sie endlich alle los.

# Tränen der Sterne

Eine klare, mondlose Nacht, ideal für eine Lektion in Sachen Sternkunde. Wir sitzen im Freien und betrachten das Sternenmeer. Ein Astronom erklärt uns die glitzernden Himmelslichter. Dazu benutzt er eine Laser-Taschenlampe, deren schmaler, grüner Strahl bis zu den Sternen reicht. Nur scheinbar natürlich, in Wirklichkeit ist es eine optische Täuschung. Wir folgen dem Strahl und sehen den Großen Wagen mit Sternen, die arabische Namen wie Merak, Phekda oder Dubhe tragen. Daneben der Polarstern als verlässlicher Orientierungspunkt. Weiter wandert der Strahl zur hell leuchtenden Wega, die zu einem Sternbild mit dem poetischen Namen Lyra gehört. Jetzt sehen wir auch das zarte Band der Milchstraße, das sich über den nächtlichen Himmel spannt.

Die Sterne schicken ihr Licht über unglaublich große Distanzen zu uns. Es kann Jahre, aber auch Jahrhunderte oder Jahrmillionen dauern, bis es auf der Erde ankommt. So sitzen wir da auf einem Hügel und sehen weit zurück in die Vergangenheit. Es ist still, nur kurz platzt das Gedudel eines Handys in die andächtige Runde, der Betroffene zieht es verschämt aus der Tasche, starrt auf den Bildschirm und stellt das Ding ab.

Da, eine Sternschnuppe! Jetzt sollte ich mir ganz schnell etwas wünschen, weiß aber nicht was, und während ich überlege, erlischt die Lichtspur. Zu spät. Ich wünsche mir trotzdem etwas. Das sei ein Meteor aus der Gruppe der Perseiden, bemerkt der Astronom, auch Laurentius-Träne genannt. Ich bin gerührt: Da vergießt der Himmel eine Träne, die meinen Namen trägt. Ob ich mir wohl das Richtige gewünscht habe? Unterdessen sind wir ganz im Süden angekommen, beim Skorpion, dessen Hauptstern Antares heißt und fast tausendmal größer ist als unsere Sonne.

Der Astronom löscht seine Lampe und bittet um Fragen. Ein Herr mit Schirmmütze meldet sich und möchte wissen, was das für eine besondere Taschenlampe sei. Der Astronom stutzt, spielt etwas mit der Lampe und erläutert dann, wie sie funktioniert. Es kommt Schwung in die Runde, munter wird weitergefragt: Ob denn jeder so in den Himmel leuchten dürfe, was die Lampe koste und wo man sie beziehen könne. Die Nebensache wird zur Hauptsache.

Worum geht es jetzt: Um die Sterne oder um die Lampe, die auf die Sterne zeigt?

Die Frage berührt Grundsätzliches: Ist das Zeichen wichtiger als das Gezeigte? Die Landkarte wichtiger als die Landschaft? Das Medium wichtiger als die Botschaft? Die Antwort scheint klar. Trotzdem wird in Kirche, Gesellschaft und Politik, aber auch im privaten Leben viel über Taschenlampen diskutiert und gestritten, während das Eigentliche in den Hintergrund rückt.

Tröstlich dabei ist: Die Sterne kümmert das zum Glück nicht. Sie schicken weiterhin ihr Licht auf die lange Reise zu uns. Und manchmal auch eine Träne.

# Herbst:
# Das Flüstern der Winde

*Lass den Wind vorüberwehen.*
*Stell ihm keine Fragen.*
*Sein Sinn ist nur*
*Der Wind zu sein, der weht …*

Fernando Pessoa

# Leise Töne für laute Zeiten

Herbststimmungen haben ihren ganz eigenen Zauber. Der Dichter Rilke ließ sich davon ergreifen. »Die Blätter fallen«, heißt es in seinem berühmten Herbstgedicht, »fallen wie von weit, als welkten in den Himmeln ferne Gärten …« Zu Rilkes Zeit durften die fallenden Blätter in aller Ruhe zur Erde sinken und dort langsam vermodern. Heute aber marschieren gleich die Laubbläser auf, welche die Blätter aufwirbeln, herumschleudern und dabei einen ohrenbetäubenden Lärm verursachen.

Was sind das für Zeiten, in denen nicht einmal ein müdes Herbstblatt in Ruhe sterben darf? Es mutet beinahe gespenstisch an, wenn die Männer mit ihren umgehängten Maschinen Jagd auf das unschuldige Laub machen und die gefallenen Blätter von der einen Ecke in die andere hetzen. Ich weiß, sie meinen es nicht böse, sie tun bloß ihren Job. Für das Herbstblatt ist es trotzdem ein trauriges Ende.

Rilkes Gedicht endet mit der Feststellung, dass alles fällt, aber Einer »dieses Fallen unendlich sanft in seinen Händen hält«. Der Fall endet nicht im Nichts. Er ist aufgehoben in etwas Größerem. Gerne würde man bei einem Herbstspaziergang einstimmen in diese leise Zuversicht – bis die Laubbläser loslegen und die ganze besinnliche Stimmung brutal zerreißen.

Muss das Laub überall weggeräumt werden? Und falls es unbedingt nötig ist: Ginge es nicht auch mit einem Besen? Natürlich. Nur dauert das etwas länger. Und heute

wird gespart und rationalisiert. Traditionelle Straßenkehrer wie Beppo gibt es nicht mehr. Beppo gab es genau
genommen auch nie, er ist eine Figur aus Michael Endes
Roman Momo. Ein bedächtiger Mann, für den die Arbeit mit dem Besen eine meditative Übung ist: Bei jedem
Schritt einen Atemzug und mit jedem Atemzug einen
Besenstrich.

Beppo weiß, wie entmutigend es sein kann, mit dem
Besen am Anfang einer langen Straße voller Laub zu stehen. Er weiß, wie groß die Versuchung ist, jetzt möglichst schnell zu machen. Und er weiß, dass die Straße so
nicht zu schaffen ist. Er hat eine andere Methode: Er
denkt immer nur an den nächsten Schritt, an den nächsten Atemzug, an den nächsten Besenstrich. Und auf
einmal merkt er, dass er Schritt für Schritt die ganze
Straße gekehrt hat. »Dann macht es Freude«, sagt er,
»das ist wichtig, dann macht man seine Sache gut«.

Beppo und Rilke hätten sich gut verstanden. Der Stra
ßenkehrer und der Lyriker hätten den Tanz der fallenden
Blätter gemeinsam bewundert. Und geschwiegen dazu.
Rilkes Gedichte und Beppos Lebensphilosophie kommen zwar nicht an gegen den Lärm der Maschinen, welche heute den Herbst wegblasen. Aber sie tun der Seele
gut, gerade in unruhig lauten Zeiten.

# Das Recht auf Faulheit

Jetzt, wo der Herbst ins Land zieht, die Tage kürzer werden und die Nächte länger, jetzt kann ich es ja sagen, es passt zur Jahreszeit: Ich bin zwischendurch ganz gerne etwas faul. Ich weiß, das gehört sich nicht, und wer faul ist, sollte zumindest soviel Fleiß aufbringen, diese Faulheit unter allerlei Geschäftigkeit zu verbergen. Ich wähle aber lieber den direkten Weg und postuliere mit dem Sozialisten Paul Lafargue das Recht auf Faulheit.

Lafargue war der Schwiegersohn von Karl Marx, lebte in der zweiten Hälte des 19. Jahrhunderts und kritisierte die »rasende, bis zur Erschöpfung der Individuen gehende Arbeitssucht«. Unter der Last der Arbeit werde der Mensch zu einer Maschine, »aus der man pausenlos und gnadenlos Arbeit herausschindet«. Lafargue dachte dabei an die Fabrikarbeiter, die zwölf und mehr Stunden am Tag schuften mussten, sein »Recht auf Faulheit« war ein revolutionäres Programm. Vieles hat sich seither geändert. Aber revolutionär wirkt dieses Programm auch in der modernen Nonstopp-Gesellschaft, wo rund um die Uhr Betriebsamkeit angesagt ist.

Lafargue, der ansonsten wenig vom Christentum hielt, lobte Jesus als Lehrer der Faulheit, schließlich habe dieser in der Bergpredigt die untätigen Lilien als Vorbild hingestellt. Und Gott, so spottete er, sei ein richtiger Faulenzer: »Jehova, der bärtige und sauertöpfische Gott, gibt seinen Verehrern das erhabenste Beispiel idealer Faulheit: Nach sechs Tagen Arbeit ruht er auf alle Ewigkeit aus.«

Ist Gott faul? Hoffentlich nicht gerade für alle Ewigkeit! Aber so ab und zu – warum eigentlich nicht? Mir wäre ein Gott, der für sich das Recht auf Faulheit in Anspruch nimmt, ganz sympathisch. Wir könnten zusammen faulenzen. Und dabei etwas tratschen über die eifrigen Christenmenschen, welche Leistung und Erfolg als Zeichen eines gottgefälligen Lebens missdeuten. Aber Gott, ich weiß, ist bestimmt ganz anders. Und mit Faulheit allein ist der Welt auch nicht geholfen.

Aber wenn Zeit in Geld umgerechnet wird und Ruhepausen als defizitär gelten, muss das Recht auf Faulheit verteidigt werden, gegen alle Zwänge der modernen Ökonomie. Zudem ist längst erwiesen, dass Menschen kreativer sind, wenn sie zwischendurch auch abschalten können. Gute Ideen brauchen Raum und Ruhe. Dann geschieht etwas, ohne dass wir etwas tun. Oder gerade weil wir nichts tun, geschieht etwas. Das ist übrigens auch das Geheimnis der Meditation.

Wobei ich hinzufügen muss, dass das nicht so einfach ist. Kaum versuche ich nämlich, nichts zu tun, fallen mir sogleich tausend Dinge ein, die unbedingt noch erledigt werden müssen. Jetzt gibt es zwei Möglichkeiten: Entweder folge ich faul den Impulsen zur Aktivität. Oder ich gebe mir etwas Mühe, dabeizubleiben – und faulenze.

Etwas Übung macht auch da den Meister.

# Rotkäppchens Frage

W arum hast du so große Ohren?«, fragt Rotkäppchen seine kranke Großmutter. »Damit ich dich besser hören kann«, krächzt es aus dem Bett. Sie kennen die Geschichte: Der böse Wolf täuscht das arme Mädchen, um es schließlich zu fressen. Doch Rotkäppchens Frage hat es in sich. Denn die Ohren alter Menschen können tatsächlich auffällig lang werden. Während der Rest des Körpers mit den Jahren allmählich schrumpft, beginnen die Ohren erneut zu wachsen. Die Mediziner haben dafür auch eine Erklärung: Das Außenohr besteht vor allem aus Knorpel, und Knorpelzellen sind im Alter teilungsfreudiger als die übrigen Körperzellen.

Seit ich dies gelesen habe, betrachte ich die Ohren meiner Mitmenschen etwas aufmerksamer. Und auch die eigenen: Signalisieren sie mir, dass ich alt werde? Falls ja, kann ich mich immerhin damit trösten, dass die Ohren dem schleichenden Zerfall entgegenwirken, indem sie sich ausstrecken. Das hat auch durchaus seinen Sinn: Große Ohrtrichter verbessern das Hörvermögen. Indem das Ohr wächst, vermag es einen Teil des Hörverlustes im Alter auszugleichen. Der Wolf hat Rotkäppchens Frage also richtig beantwortet.

Das Ohr ist das erste voll funktionsfähige Organ des Menschen: Bereits 18 Wochen nach der Zeugung ist die Hörfähigkeit fertig ausgebildet. Und am Ende des Lebens ist das Ohr das letzte Sinnesorgan, das seine Funktion einstellt. Vom Anfang bis zum Ende sind wir ganz Ohr. Im Unterschied zu den Augen können wir die Ohren auch nie schließen. Sie sind immer auf Empfang. Alten Kulturen gilt das Ohr als Tor zur Seele. Und in der biblischen Tradition ist das Hören ein eigentlicher Glaubensakt: »Wer Ohren hat, der höre.«

Nur hören wir immer schlechter. Die Welt ist laut geworden. Die ständig wachsende Zahl von Lärmquellen setzt dem Gehör massiv zu. Schwerhörigkeit wird heute selbst für junge Menschen zu einem Problem. Das lateinische Wort für schwerhörig heißt surdus. Und die Steigerung lautet: Absurdus. Die Alten wussten, was auf dem Spiel steht, wenn die Hörfähigkeit verloren geht.

Das hat nun allerdings weniger mit den Ohren als vielmehr mit der Aufnahmebereitschaft zu tun. Zu Rotkäppchens Zeiten konnten die Menschen noch zuhören. In einer permanent überreizten Gesellschaft droht diese Fähigkeit zu verkümmern.

Ich muss mich in dieser Hinsicht selber bei den (mittelgroßen) Ohren nehmen: Ich bin kein besonders guter Zuhörer. Oder höre nur, was ich will – und überhöre alles, was mir nicht passt. In solchen Momenten könnte ich Elefantenohren haben und würde doch nichts vernehmen.

Noch brauche ich keine Extralarge-Ohren – aber ein Ohrenspitzer wäre ab und zu ganz nützlich.

# Der Knopf im Taschentuch

Es gibt Smartphones, Organizers und Palms, und es gibt das gute alte Taschentuch. Das eine sind Kleinstcomputer im Taschenformat, das andere ist ein gewöhnliches Stück Stoff. Die Digitalgeräte speichern eine Fülle von Informationen. Was das Taschentuch speichert, wissen Sie ja. Doch selbst dieses Stück Stoff lässt sich als Organizer nutzen. Es braucht dafür keinen Strom und keine Wireless-Verbindung, sondern nur ein menschliches Gehirn. Während Smartphone & Co über drahtlose Verbindungen mit so rätselhaften Namen wie Bluetooth und UMTS mit ihrer Umwelt kommunizieren, genügt beim Taschentuch der Tastsinn einer Hand.

Wenn ich mir etwas merken muss und gerade nichts zum Schreiben habe, mache ich einen Knopf in mein Nastuch (so heißt dieses handliche Stück Stoff in der Schweiz). Ein uralter Trick. Aber er hilft. Der Knopf erinnert mich über Stunden oder Tage daran, dass da noch etwas war. Meistens weiß ich ziemlich schnell, worum es geht. Und wenn ich es nicht mehr weiß, muss ich nur an den Moment zurückdenken, als ich den Knopf geknüpft habe, und die Erinnerung ist wieder da.

Während die Taschencomputer ihre Besitzer mit einer verwirrenden Vielzahl von Anwendungsmöglichkeiten stressen, stellt die Benutzung eines Nastuchs keine besonderen Anforderungen. Also genau richtig für mich. Zudem nervt es nicht mit Piepstönen und Geblinke. Und störungsanfällig ist es ohnehin nicht. Ein weiterer Vorteil: Während sich das Nastuch durchaus als Ge-

dächtnisstütze eignet, lässt sich nicht gut in ein Smartphone schneuzen.

Es ist erwiesen, dass die Digitalisierung des Alltags
unser Denken verflacht. Wir verfügen zwar über eine
Fülle von Informationen, können diese aber nicht mehr
verarbeiten. Das Denken wird sprunghaft und verliert
an Tiefe. Wichtiges kann kaum noch von Unwichtigem
unterschieden werden, Zusammenhänge gehen verloren.
Ganz anders mein Knopf im Nastuch. Er übermittelt
mir nur eine einzige Information: Denk daran!

Der Knopf ist eine Erinnerungshilfe. Erinnern, das
Wort verrät es, ist ein innerer Prozess. Informationen
werden dabei nicht nur gespeichert, sondern auch verar-
beitet. Die Weisheiten alter Kulturen sind überliefert
worden, weil Menschen sie im Gedächtnis bewahrt und
von Generation zu Generation weitergegeben haben.
Auch die Bibel ist das Ergebnis einer jahrhundertealten
Erinnerungskultur.

Heute sind wir im Begriff, unser Erinnerungsvermö-
gen zu verlieren. Bereits warnen Wissenschaftler vor einer »digitalen Demenz«. Nach dem Theologen Johann
Baptist Metz droht »eine Kultur der Amnesie«. Vielleicht wird man sich einmal zurücksehnen nach den Tagen, als die Menschen sich noch einen Knopf ins Taschentuch machten.

Aber wahrscheinlich wird sich dann niemand mehr
daran erinnern.

# Drei Minuten Ewigkeit

Drei Minuten sind nicht einfach drei Minuten. Drei Minuten dauern manchmal eine halbe Ewigkeit. Ich stehe an der Haltestelle und warte auf den Bus. Eine elektronische Anzeigetafel orientiert über die Wartezeit: »3 Min«. Ist ja nicht viel, denke ich. Irrtum! Die drei Minuten sind zwar schnell vorbei, doch der Bus kommt nicht. Dafür steht immer noch rot leuchtend »3 Min« auf der Anzeige.

Was sind drei Minuten? Eine Maßeinheit, vom Menschen geschaffen. Teil eines Systems, das dazu dienen soll, ein schwer fassbares Phänomen in den Griff zu bekommen: Die Zeit.

»Was ist die Zeit?« fragt Augustinus, der große Philosoph und Kirchenlehrer der Antike. Seine Antwort: »Wenn mich keiner fragt, weiß ich es. Wenn man mich aber fragt, und ich will es erklären, weiß ich es nicht.« Die Zeit als Geheimnis. Das hat sich in den sechzehnhundert Jahren seit Augustinus nicht grundsätzlich geändert. Zwar können wir die Zeit unterdessen in immer kleinere Einheiten zerlegen, in Sekunden, Millisekunden, Mikrosekunden, Nano-, Piko-, Femto- und Attosekunden. Theoretisch lässt sie sich immer weiter teilen, bis am Schluss nichts mehr da ist. Das Geheimnis aber bleibt.

Ich warte und fixiere die Anzeigetafel, als ob ich damit die lästigen »3 Min« zum Verschwinden bringen könnte. Nichts tut sich. Es ist zum Davonlaufen. Doch ich will ja nicht laufen, sondern fahren, und zwar möglichst bald. Wo ist mein Bus?

»Wo ist die Zukunft?«: Diese Frage kommt wiederum von Augustinus. Er kennt die Antwort nicht. Aber er sagt: Wo die Zukunft ist, ist sie nicht Zukunft, sondern Gegenwart. Und allein die Gegenwart existiert.

»3 Min«, immer noch. Die Sonne wirft ihr mildes Abendlicht über den Platz. Oder müsste ich sagen »warf«? Denn die Sonne, die ich in diesem Moment wahrnehme, ist bereits Vergangenheit. Wegen der großen Distanz sehe ich sie so, wie sie vor acht Minuten war. Das Licht all der andern Sterne braucht noch weit mehr Zeit, um uns zu erreichen, Jahrhunderte oder gar Jahrtausende. Zeit ist relativ. Mich gibt es seit gut 60 Jahren, die Erde seit über 4 Milliarden Jahren und das Universum seit 14 Milliarden Jahren. Angesichts dieser kosmischen Dimensionen schrumpfen meine drei Minuten zu einem Nichts, auch wenn sie sich bedenklich in die Länge ziehen.

Endlich! Die »3 Min« sind erloschen. Keck überspringt die Anzeige die letzten zwei Minuten und hüpft zum blinkenden Symbol, das anzeigt, dass der Bus gleich kommt. Ein Sprung, von drei auf Null, in Sekundenschnelle. Die Zeit ist und bleibt »ein tief verworrenes Rätsel, so alltäglich und doch so dunkel« (Augustinus).

Der Bus ist da! War aber höchste Zeit – auch wenn ich nicht weiß, was das eigentlich ist.

# Die Welt ist unsere Erfindung

Zubegegen: Deiesr Txet ist vellor Fleher. Die Bcuh-satebn snid vertusacht. Sie vetsehern ihn wehr-schainlich tretzdom. Ist dcho kien Peborlm, oedr? Das Gehirn ist eben ein Wunderding. Es vermag auch Wörter mit vertauschten Buchstaben richtig zu lesen. Es braucht dafür etwas Zeit, aber dann kann es selbst Wörter wie Lefensdreube entziffern.

Wissenschaftler weisen mit solchen Leseexperimenten nach, wie stark unsere Wahrnehmung durch unser Vor-wissen geprägt wird. Unser Gehirn setzt nicht einzelne Buchstaben zusammen, um die Bedeutung eines Wortes zu erkennen. Es vergleicht vielmehr den Buchstabensalat mit den Wörtern, die es bereits gespeichert hat – und fin-det so bald einmal den passenden Begriff.

Die Schlussfolgerung der Wissenschaftler ist radikal: Unser Hirn konstruiert unsere Welt. Und diese ist nicht unbedingt identisch mit der realen Welt. Manchmal kommt es auch zu einer krassen Fehlkonstruktion. So glaubt nach einer repräsentativen EU-Studie immer noch jeder vierte Europäer, dass die Sonne sich um die Erde dreht. Das scheint lächerlich. Aber diese Menschen verlassen sich bloß auf ihre Wahrnehmung, die ihnen sagt, dass die Sonne in einem großen Bogen von Ost nach West über den Himmel zieht.

Wir mögen da etwas klüger sein, lassen uns aber trotz-dem leicht hinters Licht führen: Wenn die Sonne abends untergeht und ihre letzten Strahlen auf das Blattwerk ei-nes Baumes schickt, leuchtet dieses für uns grün. Doch auch das ist eine Täuschung. Tatsächlich sendet der Baum in dem Moment mehr rotes Licht aus. Da unser Hirn aber weiß, dass die Blätter des Baumes grün sein müssen, korrigiert es die Farbe automatisch von rot auf grün. Das ist wortwörtlich etwas verrückt.

Wie weit können wir uns auf die Informationen verlassen, welche uns das Gehirn über die Welt vermittelt? Lange vor der Hirnforschung hat der Philosoph Immanuel Kant bereits die These aufgestellt, dass wir die Welt an sich gar nicht erkennen können, weil jede Wahrnehmung sogleich durch den Verstand gefiltert und geformt wird. Die Wissenschaft gibt ihm heute weitgehend recht. Ein moderner Kybernetiker erklärt kurz und bündig: »Die Umwelt, die wir wahrnehmen, ist unsere Erfindung.«

Ein solcher Satz ist eine Provokation. Er stellt uns ebenso in Frage wie die Welt, die wir zu kennen meinen. Eine gute Portion Skepsis ist deshalb angebracht. Sie durchlüftet den Geist und bewahrt vor Fehlschlüssen. Und sie lässt Überraschungen zu. Die Welt wird zur großen Unbekannten, die neu zu entdecken ist. Und das gilt natürlich auch für all die Menschen um uns herum – und für uns selber.

Preborein Sie es aus, Sie wedern sutanen!

# Klatsch und Tratsch

Ausgerechnet Rolf! Wer hätte das gedacht? Wenn das alles stimmt, was Jürg mir anvertraut hat, verstehe ich die Welt nicht mehr. Oder zumindest Rolf nicht. Und es gibt keinen Grund, daran zu zweifeln. Jürg ist zuverlässig, er würde nichts weitersagen, was nicht stimmt. Gerne würde ich Ihnen verraten, worum es geht. Aber ich darf nicht. Jürg hat mir alles unter dem Siegel der Verschwiegenheit anvertraut, also schweige ich.

Was? Sie kennen Rolf und Jürg gar nicht? Dann könnte ich es vielleicht doch erzählen. Nur andeutungsweise, ohne Details zu nennen. Aber Sie dürfen es niemandem weitersagen, versprochen? Jürg muss das ja nicht kümmern, und Rolf kann es auch egal sein. Also, dieser Rolf ist etwa gleich alt wie ich und seit Jahren Programmierer bei einer Softwarefirma. Er scheint gut zu verdienen, ist verheiratet, Vater von drei erwachsenen Kindern und Mitglied in verschiedenen Vereinen. Und jetzt stellen Sie sich vor, dieser Rolf soll seit Monaten …

Halt! Nein, das geht Sie nichts an! Und ich bin kein Klatschmaul. Klatsch gilt in vielen spirituellen Traditionen als großes Übel. Die großen Meister des Lebens äußern sich da ganz klar: Über jedes »unnütze Wort« werde der Mensch einst Rechenschaft ablegen müssen, sagt Jesus. Und Buddha predigt die »rechte Rede«, was Klatsch und Tratsch kategorisch ausschließt. Pech für alle Plappermäuler und Gerüchteverbreiter. Und Pech für alle, die ihnen gerne zuhören.

Zugegeben: Jesus und Buddha sind da etwas sehr

streng. Wo doch auch unter ihren Jüngerinnen und Jüngern fleißig geklatscht wurde und viele Gerüchte die Runde machten. Selbst die Rede von Gott halten manche für ein Gerücht, ein ziemlich hartnäckiges allerdings, das sich bis heute gehalten hat.

Also, wo waren wir stehen geblieben? Ah ja, bei Rolf. Er hat es wirklich dick hinter den Ohren! Wer hätte gedacht, dass ausgerechnet er, der brave, biedere Rolf … Stopp! Ich möchte nicht, dass Sie dem Charme meines Klatsches erliegen, denn auch das ist eine Untugend.

Schade, finden Sie nicht? Aber Diskretion ist nun mal die Mutter aller Tugenden, wie es in der berühmten Klosterregel des heiligen Benedikt heißt. Diskretion versteht er als kluge Mäßigung, und dazu gehört, nicht zuviel zu reden und dem Geschwätz anderer keine Aufmerksamkeit zu schenken. Die Worte behutsam abzuwägen, um die goldene Mitte zwischen Reden und Schweigen zu finden. Wer seine Zunge nicht hüten kann und drauflosplappert, verliert sich, warnt Benedikt. Und die Zuhörenden werden ermahnt, keine »schmählichen Aussagen« über andere an sich heranzulassen.

Also Schluss! Vergessen Sie die Sache mit Rolf! Ich sage nichts mehr. Obwohl, Sie würden es nicht glauben, was dieser Rolf …

# Der Traum vom großen Geld

Verlockend: 120 Millionen Euro! Diese Summe liegt im Jackpot von Euro Millions, und ich beteilige mich mit dem Minimaleinsatz von drei Franken am Spiel ums große Geld. Es ist zwar höchst unwahrscheinlich, dass ich gewinne. Aber auch das Unwahrscheinlichste kann ja einmal Wirklichkeit werden. Warum nicht jetzt?

Angesichts der hohen Summe, die auf dem Spiel steht, hat das Ausfüllen des Lottoscheins beinahe etwas Feierliches. Zwar regiert bei der Ziehung der Zufall, aber vielleicht kann ich ihm ja etwas auf die Sprünge helfen, indem ich eine ganz besondere Zahlenkombination wähle? Oder auf eine höhere Eingebung warte? Mumpitz. Der Zufall lässt sich nicht in die Karten blicken und schon gar nicht beeinflussen.

Als das Lottospiel zu Beginn der Neuzeit in Europa aufkam, waren viele überzeugt, dass Gott bei der Ziehung seine Hände im Spiel hat. Da lag es nahe, den erhofften Lottogewinn ins Gebet einzuschließen. Doch dieser Lottogott muss sehr parteiisch gewesen sein. Ein paar wenige Auserwählte hat er beglückt, ganze Heerscharen aber enttäuscht. Da ziehe ich den wohltuend unparteiischen Zufall vor.

Seit seinen Anfängen diente das Lotto vor allem der Geldbeschaffung für öffentliche Aufgaben. Im 17. Jahrhundert hat der Philosoph Samuel von Pufendorf das Lottospiel mit einer Kollekte verglichen, »da man mit Manier von den Leuten das Geld bekommet, welches sie sonst entweder gar nicht, oder wenn man es ihnen auferlegt, nur mit Murren und Ungedult gegeben hätten«. Im Unterschied zu anderen Kollekten winkt beim Lotto nicht nur himmlischer, sondern durchaus auch irdischer Lohn.

Naiv, wie ich sein kann, nehme ich an, dass ich mit den 120 Millionen Euro alle meine Sorgen los wäre. Da muss ich allerdings nur die Ergebnisse der Glücksforschung beachten, um gleich wieder auf dem Boden der Realität zu landen: Lottogewinner sind im ersten Moment extrem glücklich, doch dieses Glücksgefühl nimmt ziemlich bald wieder ab, und nach wenigen Jahren sind die meisten sogar unglücklicher als vor dem Gewinn.

Trotzdem kreuze ich jetzt fünf Zahlen und zwei Sternchen an. Ich weiß ja auch, was ich tun müsste, um nach dem großen Glück nicht im großen Unglück zu landen: den Gewinn verschenken. Großzügigkeit macht nachweisbar glücklich, und zwar auf lange Zeit. Nur so eine schlappe Million würde ich gerne für mich behalten.

Wer beim Lotto abkassiert, tut übrigens gut daran, zu schweigen. Redselige Lottogewinner verarmen schnell wieder. Wenn ich also gewonnen hätte, würde ich es Ihnen nicht verraten. Und wenn ich Ihnen jetzt verrate, dass ich wieder einmal völlig daneben getippt habe, glauben Sie es mir vielleicht nicht.

# Einsichten eines Lebens-Unternehmers

Seit rund sechs Jahrzehnten führe ich ein Unternehmen, auch wenn ich bisher nichts davon wusste. Mein Geschäft ist das Leben, ich bin ein Lebensunternehmer: So verkünden es die Coaching-Apostel und Karriere-Gurus. Marktwirtschaft ist für sie nicht das halbe, sondern das ganze Leben. Das Ich muss für den Konkurrenzkampf fit getrimmt und profitabel vermarktet werden. Wer's richtig anpackt, gewinnt. Wer's nicht schafft, ist selber schuld.

Um das Lebensmarketing zu optimieren, habe ich die Form einer Aktiengesellschaft. Ich bin eine Ich-AG, sagen die Gurus, und übe gleich alle Funktionen selber aus: CEO, Verwaltungsrat, Manager und Angestellter. Übrigens bin ich auch der einzige Aktionär, doch vielleicht möchten Sie sich ja beteiligen? Was meine Firma denn herstellt? Mein Ich natürlich, rund um die Uhr! Ob das ein attraktives Produkt sei? Also ich bitte Sie …!

Nun gut, ich muss zugeben, die Bilanz meiner AG ist durchwachsen. Die Geschäfte könnten besser laufen. Keine Sorge, das werden wir schon richten, erklären die Gurus und empfehlen mir, mehr in die PR zu investieren. Das Wort Public Relations ist aber nicht wörtlich zu nehmen, denn es geht nicht um Beziehungen, sondern um kräftige Werbung in eigener Sache. Ziel ist eine starke Corporate Identity. Wie bitte? Eine überzeugende Selbstdarstellung! Aha.

In ihrem penetranten Daueroptimismus zweifeln die Gurus nicht daran, dass mein Aktienkurs gewaltig in die

Höhe schießen wird, wenn ich mich nur gut genug verkaufe. Human Branding heißt ihr Zauberwort. Brand ist der englische Fachbegriff – ausgesprochen als Bräänd – für eine Spitzenmarke. »Die stärkste Marke sind Sie selbst!«, lese ich und staune: Ich bin ein Brand! Bald wird mein Name in einem Atemzug mit Coca Cola, Gucci und Persil genannt.

Der Preis dafür ist allerdings hoch. Als Brand wäre ich auf der gleichen Stufe wie ein Waschpulver oder ein Schokoladeriegel im Regal des Großverteilers. Ob sich das gut anfühlt, wage ich zu bezweifeln. Zudem möchte ich nicht ständig über meine Verpackung und meinen Marktwert nachdenken müssen. Ich möchte die Freiheit haben, auch ohne Erfolg jemand zu sein.

»Freiheit ist die Befreiung von der Tyrannei des um sich selbst kreisenden Ich«, sagt der jüdische Weise Abraham Joshua Heschel. Er lehrt nicht Selbstvermarktung, sondern Selbsthingabe. Das gefällt mir entschieden besser. Deshalb löse ich meine Ich-AG sofort auf. Ab heute gibt es mein Unternehmen nicht mehr. Das Leben ist mir zu kostbar, um es auf dem Markt zu verscherbeln. Schokoladeriegel und Waschpulver müssen ohne meine Nachbarschaft auskommen.

# Der Film im Film

Er kam, als es schon dunkel wurde. Und wählte im halbleeren Kino ausgerechnet den Sitz neben mir. Er ließ sich in den Sessel plumpsen und atmete schwer. Ganz selbstverständlich beanspruchte er die gemeinsame Armlehne, die seinen Sitz von meinem trennte. Mein Arm lag zwar auf dem Oberschenkel, aber als ich feststellte, dass er seinen Arm auf unsere Lehne gelegt hatte, spürte ich das dringende Bedürfnis, meinen ebenfalls dorthin zu legen. Doch der Platz war besetzt.

Der Film begann. Ich schaute nur mit halber Aufmerksamkeit hin. Die andere Hälfte war bei der Lehne. Ich bildete mir ein, dass es mir erst wohl wäre, wenn mein Arm dort ruhen könnte. Doch wie sollte ich meinen Nachbarn vertreiben, der jetzt auch noch laut losprustete, weil ihn eine Pointe im Film, die ich offensichtlich verpasst hatte, dermaßen erheiterte?

Zuerst versuchte ich es auf die sanfte Tour. Ich hob meinen Arm und drückte leicht gegen seinen. Er schien nichts zu bemerken und wich keinen Zentimeter. Ich drückte etwas stärker. Er gab ganz leicht nach. Aber nur so viel, dass mein Ellbogengelenk knapp Platz fand. Das war noch unbequemer als vorher, so dass ich den Versuch abbrach.

Wieder lachte er. Er hatte ja auch Grund dazu, nachdem er sich in seinem Sessel so richtig breit gemacht hatte. Ich lachte nicht. Ich ärgerte mich über diesen rücksichtslosen Kerl und schmiedete Pläne zur Rückeroberung der Lehne.

Damit war ich in einem andern Film. Ich sah einen Zuschauer, der schamlos viel Platz beanspruchte. Und ich sah seinen Nachbarn, der zum Gegenangriff ansetzte, weil er das Gefühl hatte, missachtet und verdrängt zu werden. Ich sah mich, schaute mir zu und wunderte mich.

Auf einmal hob der Nachbar seinen Arm. Die Lehne war für einen Moment frei. Blitzschnell nahm ich sie in Besitz. Welche Wohltat für meinen Arm und für mein aufgebrachtes Gemüt! Als er seinen Arm wieder auf die Lehne legen wollte, gab ich keinen Zentimeter nach. Er zog sich zurück und lachte einmal mehr laut auf. Hatte er von unserem Zweikampf gar nichts mitbekommen?

Nach fünf oder zehn Minuten hätte ich meinen Arm gerne etwas bewegt. Doch das ging nicht. Der andere würde gleich wieder zuschlagen. Also verharrte ich tapfer bis zum Schluss der Vorstellung.

Wie der Film war, möchten Sie wissen? Spannend, aufregend und aufschlussreich, was meinen privaten Film angeht. Den anderen habe ich nicht mitbekommen. Kein Mensch kann zwei Filme auf einmal sehen.

# Darwins Schublade

Das Leben ist ein Kampf. Alle kämpfen ständig für oder gegen etwas. Die Zeitungen sind voll davon und der Alltag beweist es immer von neuem. Die einen wollen das, die andern jenes, und wenn sie lange genug streiten, wollen plötzlich die einen jenes und die andern das. Oft kämpfen sie auch um dasselbe. Um Ansehen, Gewinn und Erfolg etwa – oder auch nur um einen freien Sitzplatz im Vorortszug. Mit genügend Durchsetzungskraft und unter gelegentlichem Einsatz der Ellenbogen kommt man meistens auch irgendwie durch. Aber es ist anstrengend.

Auch ich kämpfe von früh bis spät, mit andern, mit der Welt – und mit mir selber. Viele dieser Kämpfe bringen wenig, einige sind sogar ausgesprochen schädlich. Gelassenheit tut not, ich weiß, und beginne prompt noch gegen meine Kämpfe anzukämpfen … Lassen wir das. Schließlich wissen wir seit Darwin, dass das Leben nun mal ein dauernder Kampf ist.

Darwin selber war allerdings gar kein Kämpfer. Als er die Evolutionslehre entworfen hatte, versorgte er sie in eine Schublade, wo sie ganze 15 Jahre liegen blieb. Er scheute den Konflikt, den sie in der Öffentlichkeit auslösen würde. Stattdessen schrieb er ein unverdächtiges Werk über Entenmuscheln und kümmerte sich daneben intensiv um seine zehn Kinder.

Eines Tages erhielt er Post aus dem Fernen Osten. Absender war ein Biologe namens Alfred Russel Wallace, der eine Abhandlung zur Artenentstehung geschrieben hatte, die bis ins Detail dem eigenen, geheimen Entwurf entsprach. Ein Schock für Darwin. Sollte er jetzt dem ahnungslosen Wallace zuvorkommen und sein Werk sofort publizieren? Oder verzichten und das ganze Verdienst dem Kollegen überlassen? Besonders wurmte ihn, dass er jahrelang an seiner Theorie gearbeitet hatte, während der andere sie als Ergebnis eines Geistesblitzes bezeichnete.

Freunde von Darwin fanden schließlich einen Kompromiss und präsentierten beide Entwürfe gleichzeitig bei einer wissenschaftlichen Tagung in London. Das Publikumsinteresse war gering, und die beiden Forscher konnten nicht teilnehmen: Wallace lebte in Borneo und wusste gar nichts davon, während Darwin an diesem Tag zum dritten Mal eines seiner Kinder zu Grabe tragen musste.

Eine Geschichte, wie sie das Leben schreibt. Sie handelt von Konkurrenz und Kompromiss, Erfolg und Verlust, Triumph und Tragik. Und sie endet leise: Als Wallace vom Konflikt erfuhr, reagierte er gelassen und bezeichnete seine eigene Theorie bescheiden als Darwinismus. Und Darwin, der bei allen Erfolgen mehrmals vom Schicksal hart gebeutelt wurde, wandte sich gegen Ende seines Lebens den Regenwürmern zu. Gelegentlich soll er ihnen sogar auf dem Klavier vorgespielt haben.

Das Leben ein dauernder Kampf? Gewiss. Aber zum Glück auch etwas mehr. Viel mehr. Unendlich viel mehr.

# Sei getrost eine Wurst!

Wer nimmt den Marti? Wenn in der Schule beim Turnen die Mannschaften gewählt wurden, blieben am Schluss immer die gleichen zwei übrig: der dicke Hauser und der ungelenke Marti. Oft wurde der Dicke dem Ungelenken vorgezogen, so dass eine der Mannschaften schließlich den Marti nehmen musste, ohne ihn gewählt zu haben. Wahrscheinlich galt ich als Risiko, und vermutlich war ich es auch.

Solche Wahlen sind brutal. Zumindest für den Verlierer. Und vor allem wenn es immer derselbe ist. Einer nach dem andern wird dir vorgezogen, und dich nimmt man dann nur, weil es nicht anders geht. Ohne Begeisterung, mit einem leichten Seufzen, im besten Fall mit einem gnädigen Henusode*. So lernte ich schon früh, dass ich leider Gottes eine Wurst bin.

Vielleicht trage ich deshalb seit langem den Titel für ein nächstes Buch mit mir herum: »Sei getrost eine Wurst!« Da wüsste ich einiges zu erzählen. Die Welt aus der Perspektive einer Wurst. Ich würde dazu ermuntern, das Wurstsein nicht zu fürchten, sondern frech zu bejahen: Ja, ich bin eine Wurst – was soll's? Und da es auf dieser Welt bestimmt mehr Würste gibt als Sieger, würde dieses Buch auch seine Leserschaft finden. Welche Wurst braucht nicht ab und zu etwas Aufmunterung?

Anderseits: Wenn das Buch durchfiele beim Publikum, wäre das schon etwas demütigend. Auch eine

---

* »Henusode«: Berndeutsch für »Sei's drum«.

Wurst lässt sich nicht gerne die eigene Wurstigkeit vor-führen. Vielleicht lasse ich besser die Finger davon. Der Titel ist für einen Beinahe-Vegetarier wie mich ohnehin nicht ganz passend. Aber »Sei getrost ein Sellerie« klingt einfach nicht so gut. Dann schon eher »Sei getrost ein Kohlkopf«. Doch ausgerechnet Kohl mag ich nicht.

Wie auch immer: Mein Herz schlägt für die Würste, Selleries und Kohlköpfe. Für die Erfolglosen, Missach-teten und Gescheiterten. Für all jene, welche das aufrei-bende Spiel um Macht und Erfolg nicht mitmachen, weil sie von vornherein den letzten Platz einnehmen. Erfolg-reiche haben oft panische Angst, vom Podest zu fallen. Diejenigen, welche bereits ganz unten sind, haben da nichts mehr zu befürchten. Vielleicht sind sie deshalb oft so entwaffnend ehrlich.

Also, wer nimmt jetzt den Marti? Wenn der scheue Bub, der verlegen dasteht und sich in den Boden hinein schämt, nur wüsste, dass er längstens angenommen ist – vor aller Leistung, nach allem Versagen. Doch das lernte der Bub erst viel später. Und selbst als Erwachsener be-schleichen ihn, das heißt mich, noch leise Zweifel, ob es sich wirklich so verhält. Trifft es aber zu, dann kann mir die Sache mit der Wurst eigentlich ziemlich wurscht sein.

# Meine ganz persönliche Reformation

Bist du reformiert?, fragte mich eines Tages ein Straßenarbeiter, der damit beschäftigt war, die Randsteine am Weg zur Kirche auszubessern. Ich war ein kleiner Knirps und hatte keine Ahnung, was das sein soll. Beim Mittagessen fragte ich meine Eltern, und seither weiß ich, dass ich reformiert bin. So steht es auch in meinen Ausweispapieren und auf der Steuerrechnung.

Wenn ich aber im Duden nachschlage, was »reformiert« eigentlich heißt, kommen mir leise Zweifel: »verbessert, geistig und sittlich erneuert, neugestaltet«. Nein, so reformiert bin ich dann doch nicht. Zwar gäbe es einiges zu reformieren an mir, nur will das nicht so recht gelingen.

Gute Vorsätze jedenfalls reichen nicht. Was auch immer ich mir vornehme, am Schluss stolpere ich doch wieder über den alten Menschen. So leicht werde ich ihn offensichtlich nicht los. Immer wieder dieselben Fehler, dieselben Unzulänglichkeiten, dieselben Krisen. Und gelingt es mir einmal, eine Schwäche zu überwinden, zeigt sich bestimmt gleich eine neue. Je älter ich werde, umso weniger wage ich es, auf meine ganz persönliche Reformation – laut Duden: »verbessernde Umgestaltung« – zu hoffen.

An diesem Punkt entscheidet sich alles. Entweder bin ich jetzt resigniert – oder eben doch reformiert: Eine Kernaussage der Reformation lautet nämlich, dass der Wert eines Menschen nicht von dem abhängt, was er – oder sie – aus sich macht. Dass das Leben ein Geschenk ist und kein Verdienst. Und dass ich längstens angenommen bin, auch wenn ich mich selber nicht annehmen kann.

Eine solche Botschaft, wie Luther & Co. sie verkündet haben, entlastet. Luther selber war übrigens ein äußerst schwieriger Mensch, launisch, unbeherrscht und depressiv. Er litt zeitweise schwer an sich selber, fühlte sich ohnmächtig und schwach. Aber gerade dieser krisengeschüttelte und von vielen Krankheiten geplagte Mann gewann Einsichten, deren befreiende Kraft durch die Jahrhunderte nachwirkt.

Also doch, ich bin reformiert. Gerade weil ich mit der Reformation in eigener Sache gescheitert bin. Die Reformierten als Gemeinschaft von Menschen, die sich nichts auf sich selber einbilden – da bin ich dabei. Das hat nichts mit der Konfession zu tun, aber viel mit der Erkenntnis der eigenen Grenzen.

Der Straßenarbeiter hat mich bestimmt längstens vergessen. Seine Randsteine am Weg zur Kirche sind verwittert. Aber ich kenne jetzt die Antwort auf seine Frage.

# Luther von hinten

Er stand auf und er stand quer: »Hier stehe ich. Ich kann nicht anders.« Martin Luther, der große Rebell und Reformator, der das Individuum aus den Zwängen von Institution und Dogma befreite. Er löste eine weit greifende Erneuerungsbewegung aus und schrieb europäische Geschichte.

Aber es gibt auch einen andern Luther. Einen von unzähligen Beschwerden geplagten Menschen, der in Briefen ausführlich über die Beschaffenheit seines Stuhlgangs räsonieren konnte: »Der Herr schlug mich durch heftigen Schmerz in den Posteriobus (das Gesäß); mein Stuhl ist so hart, dass ich gezwungen werde, ihn mit großer Kraft bis zum Schweißausbruch herauszustoßen.« Sein Leiden »an zu harten Exkrementen« machte ihn zum Laienmediziner, der mit hypochondrischer Genauigkeit registrierte, was sich in seinem Unterleib abspielte. Und das nicht etwa für sich ganz allein, verschämt im dunklen Kämmerchen. Nein, ganz im Gegenteil: Er ließ seine Freunde bis ins Detail wissen, was ihn am Hintern plagte. An Sprachbegabung fehlte es dem genialen Bibelübersetzer auch diesbezüglich nicht.

Armer Luther. Nicht nur sein Darm machte ihm zu schaffen, sondern auch Hämorrhoiden, Nierensteine, Harnprobleme, Hüftschmerzen, ein offenes Bein, Fettleibigkeit, Abszesse, Ohrensausen, Bluthochdruck, Angina pectoris, Stoffwechselleiden, Schlaflosigkeit, Schwerhörigkeit, Schwindel, Ohnmachtsanfälle, Krämpfe, Koliken, Gicht und Grauer Star. Zudem plagten ihn Depressionen,

Traurigkeiten und Angstzustände. Fast zwanghaft beobachtete und protokollierte er, was in seinem Körper vor sich ging. Im Kopf quälten ihn »die Stürme aller Meere und Bäume«, in der Niere peinigte ihn sein »Schinder und Satan, der Stein«. Und manchmal lag der Mann, der es gewagt hatte, gegen alle aufzustehen, schweißnass am Boden und wälzte sich vor Schmerzen.

Zum Lachen ist das nicht. Aber dass dieser strahlende Held der Reformation sich mit ganz gewöhnlichen Stuhlbeschwerden herumschlagen musste, macht ihn sympathisch. Er ist einer von uns. Wenn mich wegen meiner paar Beschwerden das Selbstmitleid überkommt, muss ich mich nur an die endlos lange Liste von Luthers Leiden erinnern, um wieder ganz zufrieden zu sein.

Trotz – oder vielleicht wegen? – seiner Schwächen hat Luther Großes geleistet.

Von ihm sind diesbezüglich mindestens zwei Sachen zu lernen: Erstens ein gesundes Selbstwertgefühl, das durch die eigenen Defizite nicht beeinträchtigt wird. Jeder Mensch hat nach der Lehre des Reformators eine unantastbare Würde. Und zweitens der Mut, bei aller Schwachheit unerschrocken geradezustehen für das, was einem wichtig ist. Denn: »Aus einem verzagten Arsch kommt kein fröhlicher Furz.« Auch dieser derbe Spruch stammt von Luther. Und er wusste, wovon er sprach.

# Der Rechthaber in mir

Das kann nicht sein«, brummle ich missmutig. Doch die Frau am Schalter lässt sich nicht beirren. Sie tippt etwas in ihren Computer. »Aber diese Rechnung habe ich bestimmt bezahlt«, insistiere ich und dopple nach mit der blöden Bemerkung: »Ich zahle nämlich meine Rechnungen immer pünktlich.« Sie bleibt ruhig, blickt auf den Bildschirm und liest mir die Daten meiner letzten Einzahlungen vor. Eine fehlt, tatsächlich. Aber der Fehler liegt nicht bei mir, da bin ich mir ganz sicher.

Zu Hause schwindet diese Sicherheit allerdings ziemlich schnell. Ich blättere in meinen Zahlungsbelegen, suche und suche – vergeblich. Schließlich finde ich doch etwas: Eine alte Rechnung mit Einzahlungsschein, die sich unter den vielen Papieren versteckt hat. Die Zahlungsfrist ist längst abgelaufen. Ich bin zu Recht gemahnt worden. Der Fehler, so stelle ich beschämt fest, liegt eindeutig bei mir. Das wäre ja nicht weiter schlimm, Fehler machen alle – wenn ich nur nicht so voller Selbstgerechtigkeit darauf bestanden hätte, im Recht zu sein!

Der Rechthaber in mir. Wo er sich meldet, ist das Unrecht vorprogrammiert. Zum Beispiel gegenüber der freundlichen Frau am Schalter, die sich von einem weniger freundlichen Kunden belehren lassen muss, dass sie sich irre und nicht er. Obwohl sie wahrscheinlich genau weiß, dass das nicht stimmen kann. Da kann ich nur hoffen, dass sie mich nicht als Autor erkannt hat, der über Spiritualität im Alltag schreibt. Meine Glaubwürdigkeit wäre dahin.

Der Schriftsteller Martin Walser bekennt, dass er sein Autorenleben im »Reizklima das Rechthabenmüssens« verbracht habe. Man glaubt es ihm gerne. Doch als alter Mann hat er jetzt genug davon. Er möchte aussteigen aus dem »Wettbewerb des Rechthabenmüssens«. Seine Alternative lautet: »Rechtfertigung«. Mit diesem sperrigen Begriff greift der Dichter einen Pfeiler der christlichen Glaubenslehre auf: Gnade. Ich muss nicht recht haben und mein Dasein auch nicht rechtfertigen – ich bin bereits gerechtfertigt. Und zwar von Anfang an, ohne Vorbedingung. Ich muss niemandem etwas beweisen – ich darf sein.

Schöne Sätze. Aber ich zögere. Soll ich sie wieder streichen? So befreit lebe ich jedenfalls nicht. Meine Wirklichkeit sieht anders aus. Da brummt oft genug der alte Rechthaber und macht das Leben zum K(r)ampf. Aber vielleicht beginnt die Befreiung ja mit dem offenen Eingeständnis der eigenen Fehler und Grenzen. Walser deutet es an, wenn er den Mystiker Swedenborg zitiert: »Die Irrtümer sind von mir, aber die Wahrheiten nicht.« Das ist starker Tobak. Aber genauso ist es doch!

Finden Sie nicht, dass ich in diesem Punkt … ehm … recht habe?

# Wieviel kostet ein Nichts?

Ich weiß, wo ich in der Migros die Zahnpasta und den Joghurt finde, wo bei Coop die prix-garantie-Socken versteckt sind und auf welchem Gestell bei Denner* die Weine liegen. Aber am letzten Samstag im November soll ich nichts von alledem kaufen. Dann ist der jährliche Kauf-Nix-Tag, ursprünglich eine Erfindung amerikanischer Konsumkritiker: Buy Nothing Day. Dieses Nothing interessiert mich, wenn möglich in der deutschen Version: Nix. Aber wo finde ich in den überfüllten Läden – nichts?

Wenn ich durch die Kaufhäuser ziehe, werde ich fast erschlagen vor lauter Etwas. Berge von Waren. Vom Nix keine Spur. Vielleicht könnte ich es bei der Internet-Auktionsplattform eBay versuchen. Da soll einmal jemand ein Nix zum Verkauf angeboten haben. Der Seltenheitswert wird den Preis wohl ordentlich in die Höhe getrieben haben. Wieviel kostet eigentlich ein Nix?

Ziemlich viel wahrscheinlich. Denn nichts zu kaufen könnte in einer übersatten Gesellschaft glücklich machen. Und das Glück hat bekanntlich seinen Preis. Umgekehrt kann der schrankenlose Konsum ziemlich unglücklich machen. Zwar fühlt es sich gut an, etwas zu erwerben – aber das angenehme Gefühl verfliegt schnell wieder. Was habe ich schon alles für Blödsinn gekauft, nur um des flüchtigen Glücks des Kaufens willen!

---

* Migros, Coop und Denner sind die drei größten Schweizer Einzelhandelsunternehmen.

Dinge, die ich gar nicht brauche und dann irgendwo liegen lasse. Haben Sie etwa Interesse an einem meiner vier Handys?

Studien weisen nach, dass mehr Wohlstand die Menschen nicht zufriedener macht, sondern eher depressiv stimmt. Und die große Auswahl an Waren trägt auch nichts zum Glück bei, ganz im Gegenteil: Sie verursacht Stress. Wo es zehn verschiedene Sorten Butter gibt, wird es schwierig, die richtige zu wählen. Und der Computer, den ich scheinbar zu einem Schnäppchenpreis (flüchtiges Glück!) erworben habe, hat sich bald als Fehlkauf erwiesen, weil er andernorts deutlich billiger gewesen wäre (nachhaltiges Unglück!).

Da ist das Nix von ganz anderer Art. Es ist nicht zum Sonderpreis zu haben. Es ist gar nicht zu haben. Aber es zeigt mir, wieviel ich schon habe – jedenfalls mehr als genug. »Seitdem ich mich ins Nichts versenke, gewahre ich, dass nichts mir fehlt«, heißt es beim spanischen Mystiker Johannes vom Kreuz. Soviel Seelenruhe lässt sich auch mit dem dicksten Portemonnaie nicht kaufen.

Ab und zu erlebe ich meinen persönlichen Kauf-Nix-Moment: Augenblicke, in denen mir die ganze Einkauferei sinnlos erscheint. Das kann mich mitten im Supermarkt packen. Dann lasse ich alles liegen und flüchte zum Ausgang. Mit leerem Warenkorb. Nein, das stimmt nicht ganz: Er ist vollgepackt mit Nix. Gar kein so schlechter Kauf.

# Kleine Übung in Großzügigkeit

Ein Bekannter feiert einen runden Geburtstag und lädt zum Fest. Er möchte keine Geschenke, schreibt er, freue sich aber über einen Beitrag für die geplante Ferienreise. Für uns Gäste eine Erleichterung, weil wir nicht lange nach dem passenden Mitbringsel suchen müssen. Doch wie ist das genau mit diesem Beitrag? Wie hoch darf, respektive muss er denn sein?

Ich beginne zu rechnen. Rund hundert Leute sind eingeladen. Wenn alle hundert Franken mitbringen, ergibt dies die stolze Summe von zehntausend Franken.

Doch eigentlich kenne ich diesen Bekannten nicht so gut, dass ich gleich einen Hunderter spenden müsste. Wir sehen uns zwei, drei Mal pro Jahr bei einer Sitzung, mehr nicht. Vielleicht tun es auch fünfzig. Das könnte allerdings etwas schäbig wirken. Siebzig oder achtzig geht ebenfalls nicht, das würde zu sehr nach Berechnung aussehen. Ich mache es anders: Ich erkunde vorsichtig, was andere zu geben gedenken. Und stelle zu meiner Überraschung fest, dass sie genauso verunsichert sind wie ich: Wieviel gibt man?

Die Frage hat es in sich. Sie hält mir den Spiegel vor, und was ich darin sehe, gefällt mir nicht: Einen ziemlich knauserigen Zeitgenossen, der hin und her rechnet, wieviel er wohl geben muss, um einigermaßen gut dazustehen. Dabei ist Großzügigkeit nicht nur eine zentrale spirituelle Tugend, sondern erwiesenermaßen auch ein sicherer Weg zum Glück. Vielleicht sollte ich mutig über meinen Schatten springen und den Jubilar mit einem

Tausender überraschen? Nein, das wäre nun doch maßlos übertrieben und würde ihn nur irritieren. Er könnte mich für einen neureichen Wichtigtuer halten. Um das zu verhindern, müsste ich ihm erklären, dass er bloß ein Übungspartner für meine unterentwickelte Großzügigkeit sei. Doch das würde ihn beleidigen. Also lasse ich den Tausender sein, was mir nicht allzu schwerfällt, und kehre zum Hunderter zurück, der mir immer noch zu hoch scheint.

Kann man eigentlich Wertschätzung mit Geld ausdrücken? Wenn ich meinem Bekannten zuwenig gebe – hat er dann das Gefühl, er sei mir nur wenig wert?

Geldgeschenke sind heikel. Und nachdem meine kleine Umfrage, wieviel man gibt, überall nur Ratlosigkeit und Schulterzucken ausgelöst hat, mache ich es anders. Ich suche ein passendes Geschenk. Auch wenn der Jubilar das nicht wünscht, er wird sich bestimmt freuen. Oder zumindest höflich genug sein, so zu tun, als würde er sich freuen. Ich glaube auch, etwas Originelles für ihn gefunden zu haben, origineller jedenfalls als eine Hunderternote. Der Preis ist auch ganz okay. Soviel ist mir mein Bekannter schon wert. Wieviel es ist, wird er hoffentlich nie erfahren. Wie heißt es doch: Einem geschenkten Gaul …

# Ein heikles Wort

Irgendwoher hat der türkische Kellner meiner Stammbeiz* erfahren, dass ich Bücher schreibe. Und so überraschte er mich eines Abends mit der Frage: Was schreibst du? Ich war gerührt und verlegen zugleich, stammelte etwas von Lebensphilosophie, alten Weisheiten und Geschichten. Wie heißen deine Bücher? Ich nannte die Titel und kam dabei nicht um das Wort herum, das ich gerne vermieden hätte: Mystik. Er schien leicht enttäuscht, hatte wohl etwas Spannenderes erwartet, einen Kriminalroman vielleicht. Doch dann kam er wieder in Fahrt: Mystik – wie Mike Shiva**? Nein nein, überhaupt nicht! Handauflegen? Auch das nicht. Hokuspokus?, fragte er und lachte. Ich bestellte mein Bier.

Warum schreibe ich nicht einfach Krimis? Dann könnte ich ganz locker erzählen, worum es geht, natürlich ohne die Pointe zu verraten. Oder einen tollen Liebesroman, da braucht es keine großen Erklärungen, weil das Thema in all seinen Variationen ziemlich bekannt ist. Zur Not ginge vielleicht auch ein psychologischer Ratgeber. Aber Mystik? Damit möchte ich in meiner Stammbeiz eigentlich gar nicht in Verbindung gebracht werden, weil die einen dann an Horoskope denken, andere an faulen Zauber oder fromme Innerlichkeit. Was der Kellner denkt, weiß ich nicht. Aber er ist seltsame

---

* »Beiz«: Schweizerdeutsch für Kneipe.
** Umstrittener Schweizer Hellseher und Kartenleger.

Vögel unter seinen Gästen gewohnt, einer mehr oder weniger spielt wohl keine Rolle.

Übrigens ist der Krimi gar nicht so weit entfernt von der Mystik. Hier wie dort geht es um das geheimnisvolle Wechselspiel von Licht und Finsternis, um Abgründe und letzte Fragen. Und hat nicht der Religionswissenschaftler Rudolf Otto den berühmten Satz geprägt, das Heilige sei ein Geheimnis, das den Menschen ebenso fasziniere wie erschrecke? Beim Krimi ist das doch ganz ähnlich.

Aber auch mit einem Liebesroman hat die Mystik einiges gemeinsam. Sie ist genau genommen eine einzige Liebesgeschichte. Nur gilt die Liebe nicht einem einzelnen Menschen, sondern dem ganzen Dasein. Für den Theologen Matthew Fox besteht eine zentrale mystische Übung darin, sich mindestens dreimal täglich in das Leben zu verlieben. So oft verlieben sich die Menschen nicht einmal in einem Liebesroman.

Ich habe dem Kellner dann eines meiner Bücher gebracht. Er freute sich, drückte mir kräftig die Hand und legte das Buch zwischen Biergläsern und Kaffeetassen auf den Tresen. Er hatte viel zu tun, und bevor er noch etwas sagen konnte, rief ihn die Klingel zum Küchenlift, wo er Teller mit Schnitzel und Pommes frites holen musste.

Beim nächsten Besuch, zwei Wochen später, dankte er mir noch einmal und versprach, er werde das Buch bald lesen. Unterdessen sind einige Monate verstrichen. Er sagt nichts mehr zu dem Buch. Und ich wage nicht, ihn danach zu fragen.

Lieber rede ich mit ihm über das Wetter.

# Leo's Gruß

Ob er wirklich der Leo ist, weiß ich nicht. Aber das Geschäft ist so angeschrieben, und mir scheint, dass er auch aussieht wie ein Leo: Er ist groß und kräftig, hat eine tiefe Stimme und einen melancholischen Blick. Am Morgen früh schon steht er im Laden und begrüßt seine Kunden.

Leo macht keine großen Geschäfte. Er verkauft kleine Brötchen, davon aber so viele, dass es wahrscheinlich doch ein gutes Geschäft ist. Seine Bäckerei liegt in einer stark frequentierten Lage, die Passanten kaufen hier etwas für unterwegs oder für die Pause. Die meisten legen nur etwas Kleingeld auf die Theke, aber alle werden freundlich bedient. Von Leo ebenso wie von seinen Verkäuferinnen. Das geht vom »Grüessech« über das »Was hättet dir gärn?« bis »I wünsche öich e schöne Tag!«[*].

Wenn ich frühmorgens bei Leo vorbeikomme, kaufe ich mir meistens ein Brötchen. Einen Franken kostet es; der gute Wunsch, der mir mit auf den Weg gegeben wird, ist gratis. Ich habe mir angewöhnt, dabei genau hinzuhören. Dass ich so freundlich begrüßt und bedient werde, empfinde ich als Zeichen persönlicher Wertschätzung. Ich glaube, dass ich gemeint bin, auch wenn diese Freundlichkeit für das Verkaufspersonal wahrscheinlich Pflicht ist. Den Abschiedsgruß nehme ich wörtlich und

---

[*]  Berndeutsch für: »Ich grüße Sie«, »Was möchten Sie?«, »Ich wünsche Ihnen einen schönen Tag«.

freue mich, dass mir ein Fremder einen schönen Tag wünscht. Was will man mehr am frühen Morgen?

Eigentlich beginnt die ganze Geschichte schon viel früher: Jemand ist mitten in der Nacht aufgestanden, um für mich dieses Brötchen zu backen. Vielleicht hat er oder sie auf ein abendliches Vergnügen verzichtet, um rechtzeitig in der Backstube zu sein. Jemand hat Mehl dafür hergestellt und jemand hat es zur Bäckerei transportiert. Jemand hat das Getreide gepflanzt und jemand hat es später geerntet. Jemand hat die Bäckerei gebaut und eingerichtet. Und jemand sorgt dafür, dass es hier angenehm warm ist. Ich könnte fortfahren mit der Aufzählung und käme an kein Ende. Eine endlos lange Kette von Menschen hat für mein Wohl gearbeitet. Ich kenne sie nicht.

Aber bei Leo, dem letzten Glied in der Kette, sehe ich ein Gesicht. Hier kann ich jemandem Danke sagen für mein Brötchen. Und für die guten Wünsche: »Merci gliichfalls!*

Wie gesagt: Ob er wirklich der Leo ist, weiß ich nicht. Aber das ist nicht so wichtig. Schließlich weiß der Leo auch nicht, dass ich der Lorenz bin. Hauptsache, wir schenken uns am frühen Morgen ein gutes Wort. Das genügt.

* »Danke, gleichfalls".

# Winter:
# Die Stille des Lichts

*There will be an answer, let it be*
*Let it be, let it be, let it be, let it be*
*There will be an answer, let it be*

*(Es wird eine Antwort geben, lass es geschehen …)*

Paul McCartney

# Das Geheimnis der Schneeflocke

Was eine Schneeflocke ist, weiß jedes Kind. Die allerklügsten Forscher aber wissen es nicht. Sie können sich einfach nicht erklären, wie eine Schneeflocke genau zustande kommt. Sie beobachten und rechnen, entwerfen Modelle und verwerfen sie wieder. Was auf dem langen Weg einer Flocke vom Himmel zur Erde passiert, bleibt letztlich ein Rätsel.

Eine Schneeflocke besteht aus sechseckigen Eiskristallen und ganz viel Luft dazwischen. Die große Frage ist, wie Eiskristalle entstehen. Der Übergang von Wasser zu Eis ist ein dermaßen komplexer Prozess, dass sich vom Universalgelehrten Albertus Magnus (13. Jahrhundert) über den Astronomen Johannes Kepler (17. Jh.) und den Physiker Michael Faraday (19. Jh.) bis zu heutigen Wissenschaftlern Generationen von Denkern daran die Zähne ausgebissen haben – ohne eine abschließende Erklärung zu finden.

Das ist erstaunlich. Immerhin vermögen die Wissenschaftler heute vieles zu erklären. Sie können die 14 Milliarden Jahre alte Geschichte des Universums ziemlich exakt beschreiben, sie wissen Bescheid über die weiten Räume des Alls und über die innersten Geheimnisse der Materie. Einige sind sogar überzeugt, dass wir bald einmal alles wissen werden. Sie träumen von einer Weltformel, welche das ganze Universum von A-Z erklären soll. Aber, bitte sehr, wie soll eine Weltformel zu finden sein, wenn so etwas Gewöhnliches wie eine Schneeflocke schon ein unlösbares Rätsel darstellt?

Wunderbare Schneeflocke! Du bewahrst dir dein Geheimnis und verweigerst dich allen Versuchen, dich mit Erklärungen und Formeln dingfest zu machen. Als filigranes Kunstwerk schwebst du leise zur Erde und verzauberst die Welt. Frech lässt du dich nieder auf unsern Hausdächern, Straßen und Häuptern und bringst unsern streng geregelten Alltag etwas durcheinander. Und selbst wenn du nie alleine unterwegs bist, sondern immer als Teil einer großen Masse, bist du eine ausgeprägte Individualistin: Jede Schneeflocke ist einzigartig, keine ist gleich wie die andere.

Und noch etwas gefällt mir, Schneeflocke: Im Unterschied zu Menschenmassen machen Schneemassen keinen Lärm, ganz im Gegenteil, sie verschlucken ihn. Frischer Schnee enthält so viele Hohlräume, dass sich die Schallwellen darin verirren und nicht mehr herausfinden. Gut so. Es wird für ein paar Momente wohltuend still in dieser lauten Welt. Bis die lärmigen Schneeräumungsmaschinen auffahren und den ganzen Zauber wieder wegputzen.

Zwei Bitten habe ich noch, liebe Schneeflocke: Bewahre dir deine leichte, flockige Natur und lass dich nicht zu Eis verhärten. Und bleib' nicht zu lange liegen. Deine Schönheit liegt auch in deiner Vergänglichkeit.

# Verführung zur Verfrühung

Ich bin pünktlich zu früh. Verspätungen kenne ich kaum. Es ist eher umgekehrt: Ich verfrühe mich regelmäßig. Doch, dieses Wort gibt es tatsächlich! In einer Gesellschaft, wo Verspätungen nicht die Ausnahme, sondern die Regel sind, ist es aber weitgehend in Vergessenheit geraten. Ich verfrühe mich trotzdem.

Der klassische Ort meiner Verfrühung (auch dieses Wort gehört zum deutschen Sprachschatz!) ist dort, wo meistens Verspätungen angesagt werden: der Bahnhof. Ich stehe zu früh auf dem Perron, wo der Zug zu spät abfährt. Das gleicht sich zwar nicht aus, gibt mir aber Zeit zum Verschnaufen. Ich vertrete mir etwas die Beine und entdecke einiges dabei. Haben Sie gewusst, dass es im Berner Bahnhof morgens kurz vor sieben Uhr einen Moment geben kann, wo kein einziger Zug auf den Gleisen steht und es für einen Augenblick fast beängstigend still wird? Oder sind Sie schon abends im Bahnhof Zürich bis ans Ende des Perrons gewandert, mit Blick auf die vielen Gleise und die untergehende Sonne? Solche Momente sind Gold wert.

Als chronischer Verfrüher (dieses Wort gibt es noch nicht) muss ich jeweils einige Überredungskünste aufwenden, um Mitreisende zu überzeugen, dass wir uns rechtzeitig auf den Weg zum Bahnhof machen. Dann stehen wir zusammen an den Gleisen und warten, was mir unangenehm ist, weil ich mich verantwortlich fühle. Wenn meine Begleitung mir böse will, bemerkt sie jetzt, dass sie ja gesagt habe, wir sollten nicht so früh aufbrechen. Doch meistens habe ich eine freundliche Begleitung und wir überbrücken die Zeit mit Plaudereien.

Wenn ich zu Besuch bin und auf den Zug muss, nenne ich nie die genaue Abfahrtszeit – sonst heißt es nämlich prompt: Komm, da musst du nicht so früh aufbrechen! Aber ich will früh aufbrechen und verschiebe deshalb die Fahrplanzeit etwas nach vorn. Eine Notlüge, die jene, die mich gut kennen, längst durchschaut haben.

Noch schlimmer ist es, wenn mich jemand mit dem Auto zum Bahnhof fahren will. Das verläuft immer gleich: Wir fahren zu spät ab, stehen vor Rotlichtern und im Stau, finden keinen Parkplatz, bis ich endlich irgendwo aussteigen kann, losrenne und im letzten Moment noch meinen Zug erwische.

Wer zu spät kommt, den bestraft das Leben, sagte einst Gorbatschow. Vielleicht könnte man es auch umkehren: Wer zu früh kommt, den belohnt es. Als Meister der Verfrühung kann ich das bestätigen. Und das Warten kann durchaus spirituelle Qualitäten haben, wie die Kirche weiß, die ihm jedes Jahr ganze vier Wochen widmet. Der Bahnhof ist gar kein so schlechter Ort, um auf den Geschmack von Advent zu kommen. Auch wenn ich nur auf einen Zug warte, der ebenso verspätet ist wie ich verfrüht bin.

Das immerhin hat das Kirchenjahr der Bahn voraus: Es kennt keine Verspätungen. Weihnachten findet pünktlich am 25. Dezember statt.

# Das letzte Abenteuer

Ich warte auf den Bus. Ich warte vor der Kasse. Ich warte auf die Post. Ich warte am Telefon. Ich warte auf einen Termin. Ich warte in der Schlange. Ich warte auf eine Auskunft. Ich warte im Wartezimmer. Ich warte auf grünes Licht. Ich warte und warte und warte. Manchmal warte ich auch auf ein Wunder.

Heute verbringt ein Mensch im Durchschnitt jeden Tag eine halbe Stunde mit Warten. Umgerechnet auf meine gut 60 Lebensjahre ergibt das mehr als zehntausend Stunden. Ich habe nicht immer das Beste aus ihnen gemacht. Ich bin ungeduldig und warte nicht besonders gerne. Und doch bin ich überzeugt: Eine Welt ohne Warten wäre eine arme Welt. Wo nicht mehr gewartet wird, gibt es auch nichts mehr zu erwarten. Keine Zukunft, keine Wünsche und keine Hoffnungen mehr.

In der digitalisierten Gesellschaft werden die Wartezeiten zunehmend verkürzt. Das mag in mancher Hinsicht erfreulich sein, hat aber auch seine Tücken: Jetzt muss alles nullkommaplötzlich funktionieren, auch der Mensch. Und bald sind wir so weit, dass wir zwar nicht mehr warten müssen, es aber auch nicht mehr dürfen. Pausenlose Betriebsamkeit ist dann Pflicht. Und warten ein Luxus, den sich nur noch wenige leisten können.

Geradezu provozierend mutet da der Advent an: Ganze vier Wochen lang warten. Sehr effizient ist es nicht, was die alten Christen sich ausgedacht haben. Ginge es nicht etwas schneller, Advent in einem Tag zum Beispiel? Und was ist mit dem Brauch, jeden Sonntag eine Kerze anzuzünden? Wie umständlich und zeitraubend, man könnte doch gleich alle vier Kerzen auf einmal leuchten lassen! An die Regel, dass beim Adventskalender nur ein Fensterchen nach dem andern geöffnet werden darf, habe ich mich schon als Kind nicht gehalten. Ich habe am 1. Dezember bereits das Fensterchen vom 24. geöffnet, obwohl ich ja längst wusste, was mich dort erwartet.

Das Wort Advent ist sprachgeschichtlich verwandt mit dem englischen »Adventure« und dem deutschen »Abenteuer«. Während Adventures heute in unzähligen Varianten vermarktet werden, ist der Advent vielleicht eines der letzten wirklichen Abenteuer: Warten, einfach nur warten. Das ist gewiss nicht einfach und braucht etwas Übung. Aber schließlich geht es hier um ein Abenteuer. Es gibt sogar etwas zu gewinnen dabei: Zeit, in der nichts getan werden muss.

Warum will mein Computer jetzt diesen Text nicht speichern? Eine halbe Ewigkeit schon sehe ich auf dem Bildschirm bloß diese blöde Sanduhr, die mir anzeigt, dass die Maschine arbeitet und ich warten soll. Also ehrlich, jetzt reicht es mir dann! – Aber nein, wie konnte ich es nur vergessen: Wir haben Advent. Ich muss, nein: ich kann, oder noch besser: ich darf warten.

# Josef und die Kraft der Stillen

Ihn übersieht man leicht. Oder vergisst ihn ganz. Das ist gemein. Er ist nämlich wichtig, auch wenn er offensichtlich keinen Wert darauf legt, seine Wichtigkeit hervorzuheben: Josef von Nazaret. In der Weihnachtsgeschichte bleibt er ein blasser Statist im Hintergrund. Während Esel und Ochse nahe beim Geschehen sind, wird der Ziehvater Jesu in die hinteren Ränge verbannt. Ein Schattenmann. Die Angaben zu seiner Person sind spärlich. Kein einziges Wort ist von ihm überliefert. Ein Nobody. In den Evangelien wird er ein paarmal erwähnt, dann verliert sich seine Spur im Nirgendwo. Aber vielleicht ist ihm das ja ganz recht. Denn Josef, so vermute ich, ist ein typischer Introvertierter.

Introvertierte stehen nicht gerne im Mittelpunkt. Sie bleiben lieber etwas am Rand, um die Dinge in aller Ruhe betrachten zu können. Sie sind keine Plaudertaschen, hören aber gut zu. Sie suchen weniger das Oberflächliche als vielmehr den Tiefgang. Und sie denken viel nach. Was sie nicht mögen und auch schlecht können: Sich selber anpreisen. Josef hätte sich leicht mit seiner Abstammung aus dem Geschlecht von König David brüsten können. Er tut es nicht. Er bleibt ein einfacher Handwerker, der seine Familie mit Gelegenheitsarbeiten einigermaßen über die Runden bringt. Er tut, was zu tun ist, ohne viel Aufsehen zu erregen.

Introvertierte sind schweigsame Menschen. In der Stille aber sind sie zu Großem fähig. Viele bedeutende Kulturleistungen, von Van Goghs Sonnenblumen über

Rilkes Gedichte bis zu Einsteins Relativitätstheorie sind von stillen, in sich gekehrten Menschen geschaffen worden.

Ob zu Josefs Zeiten oder heute: Die Welt wird weitgehend von den Lauten, Gesprächigen und Geselligen dominiert. Wer sich zurückzieht und gern alleine ist, fällt aus dem Rahmen. Introvertierte haben keinen besonders guten Ruf. Sie gelten als etwas seltsam und weltfremd. Ein Vorurteil, das sich hartnäckig hält, obwohl es längst widerlegt ist. Mahatma Gandhi etwa, ein Introvertierter wie er im Buche steht, hat Geschichte geschrieben. Das Reden in der Öffentlichkeit ist dem ebenso schmächtigen wie schüchternen Mann schwergefallen. Trotzdem hat er es gewagt, aus seinem Schatten zu treten und öffentlich mit aller Entschiedenheit für seine Überzeugung einzutreten.

Und Josef? Auch wenn die Angaben zu seiner Person spärlich sind, eines lässt sich sagen: Er hat seine äußerst schwierige Situation souverän gemeistert. Statt beleidigt eine Szene zu machen, steht er zu seiner Frau Maria. Er akzeptiert den unehelichen Sohn und zieht ihn als sein Kind auf. Hingebungsvoll kümmert er sich um seine Patchwork-Familie. Und er sorgt ganz handfest für das tägliche Brot. Dass er bis heute kaum beachtet wird, ist ihm wohl egal. Er weiß, wer er ist, mehr braucht er nicht.

Josef, Weggefährte aller Stillen und Nachdenklichen: Ich mag ihn. Blender und Bluffer haben wir mehr als genug. Ein Josef dagegen ist in dieser geschwätzigen Zeit Gold wert.

# Glühbirnen-Theologie

Jetzt heißt es »Licht aus!« für die Glühlampe, die wegen ihrer Form meist Glühbirne genannt wird. Die gute alte Dame frisst schamlos Strom und setzt dabei nur einen kleinen Teil der eingesetzten Energie in Licht um; der ganze Rest verpufft als Wärme. Viele Länder wollen sie deshalb verbieten, einige haben das Verbot bereits eingeführt. Bevor die Glühbirne definitiv aus dem Verkehr gezogen wird, ist es Zeit für eine kurze Würdigung – nicht aus technischer, sondern mehr aus theologischer Sicht.

Beginnen wir bei Rudolf Bultmann, einem der großen protestantischen Theologen des 20. Jahrhunderts. Als einmal sein Kollege Trillhaas bei ihm in Marburg zu Besuch weilte, war er nach langen theologischen Fachgesprächen so müde, dass er früh ins Bett wollte. Trillhaas aber hatte noch Lust auf einen Stadtbummel. Bultmann gab ihm die Schlüssel und legte sich schlafen. Trillhaas besuchte etliche Gasthäuser und kehrte ziemlich angeheitert zurück. Als er den Lichtschalter drücken wollte, erwischte er irrtümlicherweise die Klingel. Im oberen Stock ging die Wohnungstür auf, ein schlaftrunkener Bultmann erschien und brummelte: »Sehen Sie, Herr Kollege, so geht es uns Theologen: Wir wollen Licht machen und machen Lärm!«

Dabei hat Bultmann durchaus Erhellendes zur Theologie beigetragen: Er hat begonnen, die Bibel vom Gestrüpp der Mythen zu befreien, um ihren existenziellen Kern den Menschen von heute zugänglich zu machen.

Man könne nicht eine Glühbirne anknipsen und gleichzeitig an die Geister- und Wunderwelt der Bibel glauben, argumentierte er.

Ähnlich dachte Karl Rahner, einer der großen katholischen Theologen des 20. Jahrhunderts. Er hat die kirchlichen Dogmen aus ihrer muffigen Starre gelöst, indem er ihren Stellenwert neu definierte. Dogmen, so sagte er, sind wie Straßenlaternen: Sie bringen Licht in die Dunkelheit und weisen den Weg durch die Nacht – aber nur Betrunkene halten sich an ihnen fest.

Nach den theologischen Koryphäen Bultmann und Rahner muss jetzt noch der Erfinder Daniel Düsentrieb ewähnt werden (die beiden Herren mögen mir verzeihen!). Er hat die Dunkelbirne erfunden, das Gegenstück zur Glühbirne. Sie verbreitet Dunkelheit statt Licht, was im Zeitalter zunehmender Lichtverschmutzung gelegentlich sinnvoll sein kann. Nicht zufällig feiern die Christen Weihnachten in der dunkelsten Zeit des Jahres. Licht und Dunkelheit sind auf eine geheimnisvolle Weise aufeinander bezogen. Wo es nicht mehr richtig dunkel wird, verliert auch das Licht seine Kraft.

Mit einer solchen Mystik ist unsere schamlos stromfressende Glühbirne allerdings überfordert. Sie leuchtet oder sie leuchtet nicht, etwas anderes kennt sie nicht. Und bald leuchtet sie nicht mehr. Ob ihre energiesparende Nachfolgerin auch etwas für die Theologie hergibt, muss sich noch weisen.

# Das süße Glück

Advent, Weihnachten, Jahreswechsel: Immer und überall gibt es Schokolade. Die Schweiz is(s)t diesbezüglich Spitze. In keinem andern Land der Welt wird soviel Schokolade gegessen wie hier. Zehn Kilogramm jährlich sind es pro Kopf. Ich allerdings esse mehr Schokolade als zwei Schweizer Durchschnittsköpfe zusammen, nämlich so an die zwanzig Kilogramm pro Jahr. Ich will damit nicht prahlen; es ist eher beschämend, was sich da abspielt.

Das geht zum Beispiel so: Vor mir liegt eine schön verpackte Tafel. Ich breche sie auf. Ganz vernünftig werde ich nur ein oder zwei Stückchen essen. So jedenfalls nehme ich es mir vor – und weiß doch schon, dass ich es nicht schaffe. Also noch zwei Stückchen mehr. Die Gier steigt auf. Na gut, noch eine Reihe dazu, man gönnt sich ja sonst nichts. Und dann? Ein Gefühl der Leere, das ich mit einer dritten Schokaldenreihe zudecke. Und weil die auch nicht genügt, noch eine vierte. Und so geht es weiter. Was am Anfang ein Genuss ist, wird zur Sucht und endet mit einem flauen Gefühl im Magen.

In einem Ratgeber für Schokoladensüchtige lese ich: »Sie sollten alles versuchen, um aus diesem Teufelskreis so schnell wie möglich herauszukommen!« Doch was heißt hier schon Teufel, ist die Schokolade denn nicht ein Geschenk des Himmels? Nach den Legenden der ersten Schokoladenesser, der Indianer, hat der Gott des Windes höchstpersönlich die Kakaobohne auf die Erde gebracht. Und ein frommer katholischer Missionar verfasste gar eine »Elegia in laudem cocolatis«, eine »Ode an den Kakaobaum«.

Dass auch Erleuchtete den süßen Genuss durchaus zu schätzen wissen, zeigt die Geschichte eines sterbenden Zen-Meisters. Sein letzter Wunsch war ein Stück Schokoladenkuchen. Als die Schüler ihm den Kuchen ans Sterbebett brachten, huschte ein Lächeln über sein müdes Gesicht. Mit zittrigen Fingern nahm er ein Stück und begann langsam zu kauen. Schließlich fragte einer seiner Schüler: »Meister, bald wirst du uns verlassen. Was ist deine letzte Botschaft?« Darauf der Alte: »Mmh, dieser Kuchen ist wunderbar!«

Wer Schokolade so genießen kann, wird nicht zuviel davon essen. Der Genuss wird zur Meditation, das richtige Maß stellt sich von selber ein. Keine Spur von Teufelskreis, aber vielleicht ein Anflug von Himmelsglück .

Zugegeben, davon bin ich noch weit entfernt. Aber Übung macht bekanntlich den Meister. In der schokoladenreichen Winterzeit mit all den Festen habe ich oft Gelegenheit dazu.

Übrigens: Als Belohnung für die Arbeit an diesem Text gönne ich mir jetzt ein Stück Schokolade. Ein ganz kleines nur. Wunderbar!

# Dieses Tier gibt es nicht

Niemand hat es je gesehen, dieses seltsame Tier. Es hält sich bedeckt, macht keine Geräusche und hinterlässt keine Spuren. Nicht einmal in die berühmten Bände von Brehms Tierleben hat es Eingang gefunden. Fast könnte man auf den Gedanken kommen, dass es gar nicht existiert. Doch viele scheinen es zu kennen und reden ganz selbstverständlich von ihm. Allerdings mögen sie es nicht. Sie wissen nie etwas Gutes von ihm zu berichten. Vielmehr kämpfen sie dauernd mit ihm.

Ich kenne dieses Tier nicht. Vielleicht will ich es auch nicht kennen, denn was die Leute erzählen, gefällt mir nicht. Schon sein Name ist scheußlich: Innerer Schweinehund. Wie bitte soll ich mir das vorstellen? Eine Mischung aus Hund und Schwein, die sich irgendwo in meinem Inneren eingenistet hat? Da sträuben sich mir sämtliche Nackenhaare. Nein, da mache ich nicht mit. Wie können Menschen nur auf die abstruse Idee kommen, dass in ihnen ein Schweinehund versteckt ist?

Aufgekommen ist das unschöne Wort zur Zeit des Ersten Weltkrieges in Deutschland. Seither wird es vor allem in Militärkreisen gebraucht, um soldatische Tugenden wie Kampfeswille und Durchhaltevermögen zu propagieren. Auch Turnlehrer, Sporttrainer und Motivationsgurus verwenden es gelegentlich, um zu Höchstleistungen anzutreiben: Der innere Schweinehund muss überwunden werden! Na dann viel Vergnügen. Da es dieses Tier in mir nicht gibt, kann ich es mir ja gemütlich machen.

Wenn ich allerdings bedenke, wofür das arme Vieh steht, dann ist es vorbei mit der Gemütlichkeit: Willensschwäche. Bequemlichkeit. Trägheit. Resignation. Kenne ich alles bestens. Aber da ist kein hinterlistiges Tier in mir am Werk – das bin ich. Das sind meine Schwächen. Gegen sie wie ein Drachentöter ins Feld zu ziehen bringt wenig. Dieser Kampf ist auf Dauer nicht zu gewinnen. Also versuche ich mit meinen Unzulänglichkeiten zu leben und sie gut im Auge zu behalten. Annahme ist oft der erste Schritt zur Veränderung. Wenn es den inneren Schweinhund gäbe, dann bekäme er bei mir jedenfalls zuerst einmal eine schöne Hütte und etwas zu fressen. Vielleicht würde ich ihn sogar streicheln. Er würde dann bestimmt nicht mehr so laut bellen.

Abgesehen davon: Es ist eine Beleidigung für Schwein und Hund, dass sie für unsere menschliche Unvollkommenheit herhalten müssen. Schweine sind entgegen einem weit verbreiteten Vorurteil kluge, empfindsame und saubere Tiere. Auch Hunde sind weit besser als manch eine Redensart es wahrhaben will.

Aber, wer weiß: Vielleicht reden Schwein und Hund untereinander ja umgekehrt vom »inneren Menschen«, den sie überwinden möchten.

Und wir können jetzt rätseln, was sie damit wohl meinen.

# Die Entsorgung
## der Vergangenheit

Ein freier Tag. Ich beginne, meine Vergangenheit aufzuarbeiten. Konkret: All den Kleinkram, der sich im Verlaufe der Jahre angehäuft hat, einmal zu ordnen und dabei gründlich auszumisten. Am Morgen komme ich gut voran und schmeiße weg, was mir nicht auf Anhieb bewahrenswert erscheint. Ganze Beigen von Briefen, Artikeln, Notizen und Fotos stopfe ich in Abfallsäcke. Auch all die Sachen und Sächelchen, die irgendwo sinnlos herumstehen und verstauben: Weg damit!

Gegen Mittag habe ich schon einiges abgearbeitet. Doch es gibt noch viel zu tun. Ich werde allmählich ungeduldig, sortiere die Dinge immer schludriger und schaue gar nicht mehr richtig an, was ich da eilends entsorge. Das Wort »entsorgen« klingt verführerisch. Wird man damit seine Sorgen los? Bei mir funktioniert das leider nicht, im Gegenteil: Je länger ich entsorge, umso mehr sorge ich mich, dass mir das Entsorgte eines Tages fehlen könnte.

Am frühen Nachmittag die erste Krise. Die Aktion ist anstrengender, als ich gedacht habe. Um mich zu motivieren, predige ich mir die Tugend des Loslassens. Nur wer loslässt, hat die Hände frei, heißt es doch. Und das Glück des Augenblicks erfährt nur, wer den Ballast der Vergangenheit abwirft. Mit solchen Argumenten versuche ich, meine Bedenken zu verscheuchen. Am Abend bin ich so weit. Ganze fünf Abfallsäcke habe ich gefüllt. Ich kann aufatmen. Viel Plunder ist weg. Ein gutes Gefühl. Doch es hält nicht lange an.

Bald schleichen sich erneut Zweifel ein. Habe ich jetzt Dinge weggeworfen, die mich später reuen? Hätte ich nicht genauer prüfen müssen? Doch, natürlich! Ich werde nervös. Soll ich die Säcke wieder leeren und alles noch einmal anschauen? Nein, der Aufwand wäre zu groß.

Stattdessen setze ich mich an den Computer und beginne, diese Kolumne zu schreiben. Um das Loslassen soll es gehen, respektive um meine Schwierigkeiten damit. Doch die Geschichte nimmt einen andern Verlauf.

Am nächsten Morgen werde ich nämlich schwach und beginne, einen Sack nach dem andern wieder aufzuschnüren und auszuleeren. Nun schaue ich mir das Weggeworfene noch einmal ganz genau an. Wenn schon Entsorgung, dann mit Sorgfalt. Ich rette etliche Briefe und ein paar Fotos, den Rest stopfe ich wieder in die Säcke. Diesmal fahre ich sie direkt zum Entsorgungshof, der in verdächtiger Nähe zum Friedhof liegt. Beinahe andächtig werfe ich die Säcke in den Metallcontainer, wo sie für immer verschwinden.

Und die Moral von der Geschicht? Vielleicht diese: Wer die Vergangenheit loslassen will, geht sorgfältig mit ihr um statt sie einfach wegzuschmeißen.

# Geschichten aus dem Adressbüchlein

Roland streiche ich. Da herrscht seit Jahren Funkstille. Ich habe ihn beinahe vergessen, er mich wohl auch. Was soll sein Name noch in meinem Adressbüchlein? Dieter, Maja und all die andern bleiben.

Das übliche Ritual zum Jahreswechsel: Mit dem neuen Terminkalender gibt es ein neues Adressverzeichnis und ich übertrage von Hand Namen, Adressen und Telefonnummern. Eine mühsame Übung, im digitalen Zeitalter gäbe es schnellere und einfachere Möglichkeiten. Doch die Übung hat durchaus ihren Sinn. Während ich die trockenen Daten abschreibe, entfalten sich zwischen den Zeilen ganze Geschichten.

Mit jedem Namen verbinden sich Erinnerungen. Diese Menschen gehören zu meiner Biografie. Wir haben zusammen etwas erlebt, teilen gemeinsame Erfahrungen, sind miteinander unterwegs. Und eines kann ich mit Sicherheit sagen: Ohne sie wäre ich nicht ich. Diese Bekannten machen mich wesentlich aus.

Das Adressbüchlein ist wie ein Spiegel: In den vielen vertrauten Gesichtern entdecke ich mich selber. Und dieses Spiegelbild ist wesentlich gnädiger als was ich frühmorgens im Badezimmerspiegel sehe. Deshalb ist es auch so kostbar.

Die französische Aktionskünstlerin Sophie Calle hat 1983 auf der Straße ein Adressbuch gefunden. Sie hat sämtliche Leute, die darin aufgeführt waren, angerufen und mit ihnen gesprochen. Ihre Aufzeichnungen sind fortlaufend in der Zeitung »Libération« erschienen, und so ist allmählich ein Porträt des Besitzers entstanden. Als dieser davon erfuhr, war er gar nicht erfreut. Er drohte der Künstlerin mit einer Klage wegen Verletzung der Privatsphäre. Offenbar hat er sich wiedererkannt. Was würden meine Bekannten wohl über mich verraten?

Roland hat das Pech, dass sein Nachname mit M beginnt. Genau diese Seite ist in meinem ohnehin kleinen Adressbüchlein immer randvoll, ich kenne familiär bedingt viele M's. Würde er Vögeli oder Quadflieg heißen, hätte es noch genügend Platz. Ich könnte ihn natürlich agendamäßig umtaufen, doch dann suche ich ihn später am falschen Ort und finde ihn nicht mehr. Oder ich könnte ihn nur mit Bleistift eintragen, auf Bewährung sozusagen.

Zu einer Zeit, als es noch keine Adressbücher gab, ist im alten Israel die Vorstellung von einem »Buch des Lebens« aufgekommen, in dem die Namen aller Menschen aufgezeichnet sind, die jemals gelebt haben. Eine Art himmlisches Adressbuch. Da wird man, so hoffe ich, nicht einfach so gestrichen.

Aber jetzt zu Roland: Soll ich oder soll ich nicht? Es gibt eine dritte Möglichkeit: Ich rufe ihn an. Jetzt. Seine Nummer steht im Adressbüchlein. Vorläufig noch. »Tschau Roland, lange ist's her …« Noch während unseres Gesprächs übertrage ich seine Daten ins neue Verzeichnis. Mit Kugelschreiber.

# Der schweigende Ruf
# des Gähnens

Die Fische tun es, die Vögel, die Mäuse, die Pferde, die Hunde – und die Menschen. Warum sie es tun, ist bis heute nicht klar. Das Gähnen bleibt für die Wissenschaft ein Rätsel. Ein Mensch gähnt durchschnittlich zehnmal pro Tag und beginnt damit schon als Fötus im Mutterleib. Es gibt eine Reihe von Theorien, welche das Phänomen zu erklären versuchen. Doch jede hat sich bisher als falsch erwiesen. Auch die beliebte These vom Sauerstoffmangel ist mittlerweile widerlegt. Kurz: Das Gähnen scheint keine für den Körper notwendige Funktion zu haben.

Ausgelöst wird der seltsame Reflex besonders bei Müdigkeit oder Langeweile. Es beginnt mit einem leichten Ziehen zwischen Rachen und Ohren. Wenn dieses stark genug ist, öffnet sich der Mund, und zwar ziemlich weit, während die Lungen tief Luft einsaugen. Gähnkünstler verbinden das Ganze mit einem Laut oder einer kleinen Melodie. Das eignet sich übrigens auch, um abendliche Gäste zu vertreiben, die nicht mehr nach Hause wollen. Das Zeichen wird sofort verstanden.

Der Schriftsteller Chesterton bezeichnet das Gähnen als »schweigenden Ruf«. Tatsächlich können auf diese Weise viele Botschaften übermittelt werden. Ob das den Gähnenden immer so bewusst ist, bleibt eine andere Frage. Und für die Angegähnten ist ein schweigender Ruf manchmal nicht leicht zu übersetzen: Findet mein Gegenüber mit dem weit aufgerissenen Kiefer mich langweilig? Möchte er mich loswerden? Oder ist sie einfach müde? Doch dann passiert es: Ich beginne plötzlich selber zu gähnen.

Gähnen steckt bekanntlich an. Das ist einer der wenigen Punkte, der in der Forschung heute unbestritten ist. Die Experten haben dafür auch eine Erklärung: Empathie. Das Einfühlungsvermögen in eine andere Person bewirkt, dass wir unbewusst ihr Verhalten übernehmen. Untersuchungen zeigen: Je mehr Mitgefühl wir haben, umso leichter lassen wir uns anstecken. Dasselbe gilt übrigens auch für das Lächeln oder die Sorgenfalten. Wir neigen dazu, den Gesichtsausdruck anderer Menschen zu kopieren, um sie besser zu verstehen.

Es gibt Gähn-Forscher, Gähn-Konferenzen und Gähn-Studien. Sie haben einiges herausgefunden. Nur die Hauptsache nicht: Den Zweck des Gähnens. Kann es sein, dass es gar keinen hat? Die Natur orientiert sich zum Glück nicht allein am Prinzip der Zweckmäßigkeit. Sie bringt auch Dinge hervor, die keinen messbaren Nutzen haben, aber ganz einfach schön sind. Wie wohltuend ist es doch, so richtig herzhaft zu gähnen!

Übrigens kann bereits der Gedanke daran den entsprechenden Impuls auslösen. Wenn Sie bei der Lektüre dieser Zeilen jetzt den Mund aufreißen und tief Luft holen, liegt das nicht an mir, sondern an Ihrem guten Einfühlungsvermögen.

# Wer soll das verstehen?

Die langweiligste Lektüre der Welt sind Gebrauchs-anweisungen. Im Higthtech-Zeitalter kommt nie-mand mehr um sie herum. Ob Wecker, Telefon oder Waschmaschine: Die meisten Geräte bieten heute so viele Möglichkeiten, dass selbst die einfachsten Dinge furcht-bar kompliziert werden. So kämpfen wir uns durch win-zig klein gedruckte Instruktionen: »Halten Sie die SET-Taste gedrückt, bis die LED 4x blinkt. Drücken Sie jetzt Taste >> und wählen Sie mit dem Schiebeschalter S die gewünschte Quellentaste WLS, QMD oder VCR.«

Für einen ungeduldigen Menschen wie mich sind sol-che Anleitungen die reinste Nervenprobe. Meist lese ich nur flüchtig, was ich ohnehin nicht verstehe, drücke mal hier und mal dort – mit dem Ergebnis, dass überhaupt nichts läuft. Oder zumindest nicht so, wie es sollte. Dann ist es definitiv vorbei mit der meditativen Gelas-senheit, ich lese, drücke und schimpfe gleichzeitig, was selten zu einem guten Ergebnis führt. Am schlimmsten sind die Multifunktionstasten. Es ist ja schön, dass für unzählige Optionen eine einzige Taste genügt. Aber wenn ich für diese eine Taste seitenlange Erklärungen studieren muss, hört der Spaß auf.

Der Turmbau zu Babel ist bekanntlich an der Sprach-verwirrung gescheitert. Wir scheitern heute am Kauder-welsch von Bedienungsanleitungen und Benutzerhand-büchern. Bilder machen die Sache nicht besser: Wer versucht, ein Ikea-Regal nach dem Anleitungspikto-gramm aufzubauen, kann sich blöd gucken an den vielen

Skizzen, Zeichen und Pfeilen und wird doch nicht klug dabei. Nur mit Geduld, viel Geschick und etwas Glück entsteht dabei vielleicht ein brauchbares Möbelstück. Bei mir fehlen alle drei Voraussetzungen, so dass ich die Hände davon lasse.

Die neue Unübersichtlichkeit, die der Sozialphilosoph Jürgen Habermas im gesellschaftspolitischen Bereich diagnostiziert hat, spiegelt sich in der Unübersichtlichkeit des Alltäglichen. Konnten unsere Vorfahren mit ihren Geräten noch ohne Anleitung hantieren, weil diese relativ einfach waren und ihre Funktionen sich von selbst erklärten, ist unsere Alltagstechnik mittlerweile so vertrackt und verzwickt, dass die meisten überfordert sind. Niemand muss sich deswegen blöd vorkommen. Denn blöd ist nicht der oder die Einzelne, sondern eine Gesellschaft, welche das Einfachste so furchtbar kompliziert machen kann.

Ungleich viel diffiziler als jedes Gerät ist allerdings das Leben selber. Und dafür gibt es, abgesehen von der meist etwas dürftigen Ratgeberliteratur, keine Gebrauchsanweisung. Zum Glück. Wir kämen ja vor lauter Studieren gar nicht mehr zum Leben. Müsste ich trotzdem eine schreiben, würde sie aus einem einzigen Satz bestehen: Alle Anleitungen vergessen – und einfach leben!

Ein Wagnis, gewiss. Ob das klappt? Probieren Sie es doch aus!

# Schwätzer und Schweiger

Manchmal lohnt es sich, seine Worte auf die Goldwaage zu legen. So hat es der britische Ex-Premier Tony Blair im Januar 2010 geschafft, für einen einzigen Vortrag ein Honorar von umgerechnet 340 000 Franken zu kassieren. Neunzig Minuten hat er gesprochen. Gehen wir von einem durchschnittlichen Redefluss von 180 Wörtern pro Minute aus, ergibt das für jedes Blair'sche Wort, und sei es auch nur ein »und« oder ein »aber«, einen Wert von gut 20 Schweizer Franken.

In der gleichen Woche, als Blair in London vor Führungskräften eines umstrittenen Hedgefonds seinen hochbezahlten Vortrag gehalten hat, ist in den USA J. D. Salinger gestorben, der Autor des 1951 erschienenen Romans »Der Fänger im Roggen«. Das Werk wurde eines der bekanntesten Bücher des 20. Jahrhunderts und prägte das Lebensgefühl von Generationen. Doch Salinger war sein Erfolg unheimlich. Er igelte sich ein, baute einen großen Zaun um sein Haus und schrieb nur noch für sich. Vor dreißig Jahren gab er das letzte Interview. Und dann schwieg er, bis zu seinem Tod.

Salinger war ein komischer Kauz, gewiss. Aber wenn ich sehe, wie andere Prominente jede Gelegenheit nutzen, um sich in Szene zu setzen, ist mir dieser seltsame Eremit doch recht sympathisch. Sein Schweigen hat etwas Demonstratives. Wahrscheinlich hatte er genug von der geschwätzigen Welt, in der Worte nicht mehr kostbar, gelegentlich aber sehr teuer sind.

Ebenfalls in der Woche, als Blair seine hochbezahlte

Rede hielt, starb Boa Senior. Mit Worten Geld zu verdienen wäre der 85jährigen nie in den Sinn gekommen. Sie hätte sich schon gefreut, wenn nur ein einziger Mensch ihr zugehört hätte. Aber es gab niemanden mehr, der ihre Sprache noch kannte. Sie hatte auf der indischen Inselkette der Andamanen gelebt und war die Allerletzte, die noch die Sprache der Ureinwohner sprach. Sie sei oft sehr traurig gewesen, hieß es. Ihre Sprache, eine der ältesten der Welt, verschwand mit ihr.

Der eine redet und macht seine Worte zu Gold. Der andere mag nicht mehr reden und schweigt jahrzehntelang. Und die dritte spricht als Letzte eine Sprache, die niemand mehr versteht. In der gleichen Woche treffen die drei Geschichten in den Medien zusammen. Randnotizen nur, wirklich wichtig sind sie ja nicht. Wichtig sind die Worte der mächtigen Politiker und Wirtschaftsbosse, der Experten und Berater und all der übrigen Stars und Sternchen. Leute, die viel reden, obwohl sie oft nicht viel zu sagen haben.

Bevor ich jetzt selber zu viele Worte mache, höre ich auf. Würde dieser kurze Text nach Blair'schen Ansätzen honoriert, gäbe es für meine paar Zeilen 8620 Franken. Davon könnte ich gut leben. Doch ich befürchte, dass ihr Marktwert gering ist. Und finde das eigentlich ganz gut so.

# Moses, der Stotterer

Sind Sie Arena-tauglich?* Ääääähhhh … Nein, antworten Sie bitte schnell! Kein Zögern bitte, sagen Sie einfach irgendetwas, Hauptsache Sie reden. Die TV-Sendung »Arena« ist *die* Bühne des verbalen Schlagabtausches, und wer da mithalten will, muss gleich loslegen. Keine Ääääähhs und Mhmms. Flott, dynamisch und selbstbewusst muss es klingen. Und das ist ja nicht nur im Fernsehen so. Auch im realen Leben sind jene oben, die über ein gut geschliffenes Mundwerk verfügen. Für Führungskräfte ist es ein Muss.

Ganz anders das biblische Führungspersonal: Gar nicht Arena-tauglich. Moses zum Beispiel: Er hatte eine Sprechstörung und wäre heute wohl ein Fall für die Logopädie. Doch ausgerechnet er fasste den Auftrag, zum Pharao zu gehen, um mit ihm über die Freilassung der geknechteten Hebräer zu verhandeln. Eine heikle Angelegenheit mit geringen Erfolgsaussichten. Verständlich, dass Moses nicht wollte und erklärte, er habe eine schwere Zunge und sei ungeschickt im Reden. Doch es musste sein, und Moses wagte es schließlich, stotternd dem mächtigsten Mann des Landes die Stirn zu bieten.

Welch merkwürdige Personalselektion! Auch der Apostel Paulus war ein miserabler Redner. Trotzdem trat er immer wieder vor die Leute, hielt Ansprachen

---

* »Arena«: Politdiskussion im Schweizer Fernsehen. Wer es in der Politik zu etwas bringen will, muss sich hier profilieren, Parlamentarier werden auch nach ihrer »Arenatauglichkeit« beurteilt.

und Predigten. Dabei versprach er sich oft, verlor ab und zu auch den Faden. Einige Auftritte sollen richtig peinlich gewesen sein. Auf die Wirkung seiner Rhetorik konnte er jedenfalls nicht setzen. Im Gegensatz zu andern Heilsbringern, die mit ihren aalglatt polierten Formulierungen die Menschen für sich einnehmen konnten, war Paulus kein Blender.

Ach, wie ich sie mag, all die Schlechtredner, Stotterer und Stammler. Sie sind nicht vollkommen und gerade deshalb so wunderbar menschlich. Sie machen mir nichts vor und schlagen mir keine Argumente um die Ohren. Mit ihnen rede ich gerne. Sie lassen mir Raum, und es macht nichts, wenn ich nicht gleich die passenden Worte finde. Ich darf auch einmal schweigen. Bei ihnen ist mir wohl.

Ihre Schwäche ist ihre Stärke. »Zum Glück war unser Meister Moses ein Stotterer«, heißt es in einem jüdischen Kommentar, »denn sonst wären die Hebräer nicht aus Ägypten freigekommen, weil sie zu viel Zeit mit Diskussionen und Debatten verloren hätten«. So wie das heute die vielen Endlosdiskussionen in der modernen Mediengesellschaft zeigen.

Unterdessen weiß man, dass Stolpersteine in der Sprache auch ganz nützlich sind: Wo jemand zögert, stottert oder sich verspricht, wird der Sprachfluss unterbrochen – und genau das weckt das Interesse des Gegenübers, das etwas Besonderes erwartet und besser zuhört.

Damit sind alle Schlechtredner definitiv rehabilitiert und ich – ähmm – ach ja, ich darf jetzt – hmmmm – getrost einen Punkt setzen.

# Die heimliche Kunst
# des Abschreibens

Herr Freiburghaus war ein frommer Mann. Wenn wir als Viertklässler bei ihm eine Prüfung schreiben mussten, konnte es vorkommen, dass wir vorher im gemeinsamen Gebet Gott darum baten, uns zu helfen, nicht auf das Blatt des Banknachbarn zu schielen. Nun weiß ich nicht, ob ich damals zuwenig gebetet habe oder ob Gott ein Auge zugedrückt hat – ich habe jedenfalls abgeschrieben. Alle Frömmigkeit in Ehren – aber es wäre doch zu schade gewesen, nicht vom Wissensvorsprung meines Nachbarn zu profitieren.

Im Internet-Zeitalter wird heute abgeschrieben, was das Zeug hält. »Copy and Paste« heißt das Stichwort: Kopieren und einfügen. Dafür genügen ein paar Mausklicks. Allerdings ist es auch einfacher geworden, über Google den Sündern auf die Spur zu kommen. Etliche Persönlichkeiten des öffentlichen Lebens sind so ihren Doktortitel wieder losgeworden. Herr Freiburghaus hat mich nur einmal erwischt, was mir eine saftige Moralpredigt eingetragen hat. Unbelehrbar wie ich bin, hörte ich trotzdem nicht auf damit.

Die heimliche Übernahme fremden Gedankengutes heißt Plagiat. Dieses lateinische Fremdwort stammt vom altrömischen Dichter Martial, der einem Dichterkollegen vorwarf, ihm seine Verse geklaut zu haben. Er beschimpfte ihn als »plagiarius«, was übersetzt »Menschenräuber« heißt. Martial lebte vom Vortrag seiner Gedichte und befürchtete einen Einkommensverlust. Mein Abschreiben beim Banknachbarn dagegen war eine Win-Win-Situation: Er erhielt seine verdiente gute Note und ich bekam meine gratis dazu.

Abgeschrieben wurde immer. Und nicht immer war es verpönt. Die Autoren der biblischen Bücher etwa haben sich gerne bei fremden Vorlagen bedient. Das mindert die Qualität ihrer Texte in keiner Weise. Auch in der Musik war es früher üblich, Melodien anderer Kompositionen ins eigene Werk einzufügen. Niemand hat sich daran gestört. Und heute, wo fast alles Denkbare gesagt und geschrieben worden ist, kommt man kaum noch um gelegentliche Plagiate herum. Das Rad muss nicht immer neu erfunden werden.

Selbst Pfarrer plagiieren gelegentlich. Im Internet finden sich viele Vorlagen für eine Predigt, von Gedanken zu einzelnen Bibelstellen bis zum komplett ausformulierten Predigttext. Und auch wir Journalisten und Autoren sind im Abschreiben nicht unbegabt.

Ist das so schlimm?

Möglicherweise ist abschreiben auch ganz natürlich, schließlich ist sogar unser Erbmaterial, die DNA, nichts anderes als die Abschrift vorangehender DNA in neuer Kombination. Mit andern Worten: Ich bin auch ein Plagiat. Tröstlich dabei ist, dass wir Plagiate trotzdem Originale bleiben, weil keine zwei Menschen ganz identisch sind.

Diese Gedanken stammen übrigens nicht alle von mir, einige habe ich …

# Vielleicht hilft Bläsi

Die katholische Kirche hat so viele Heilige, dass nicht einmal die Experten im Vatikan ihre genaue Zahl kennen. Es sind mehrere Tausend. Viele stammen aus der Zeit vor der Reformation, gehören also zum gemeinsamen christlichen Erbe. Zum Beispiel Blasius. Er hat im vierten Jahrhundert an der türkischen Schwarzmeerküste gelebt und gilt als Helfer bei Halsleiden und Erstickungsgefahr. Mit seinem Gebet soll er einmal einen Knaben gerettet haben, dem eine Fischgräte im Hals stecken geblieben war.

In der Schweiz wurde aus Blasius ein Bläsi. Man konnte ihn bei allen Halsproblemen um Hilfe bitten. Im Idiotikon, dem Wörterbuch der schweizerdeutschen Sprache, finden sich alte Texte, die zeigen, wie das funktioniert: »Wer an Halsweh leidet, der trinke Weihwasser aus einer Bouteille, die einen gebrochenen Hals hat, und rufe: Bläsi, Bläsi, Bläsi! So verliert er das Halswehe.« Und ein Betroffener berichtet in holprigen Reimen: »Wenn mir der Hals geschwollen was, da kam der Pfaff und lehrt mich das: Bring Sant Bläsi eine silbre Gab, der hilft dir der Geschwulst ab.«

Bis heute wird in der katholischen Kirche am 3. Februar der Blasius-Segen gespendet. Er soll den Hals vor Krankheiten bewahren. Ob das auch funktioniert? Im Zweifelsfall setzen wir vielleicht lieber auf Bonbons, Tabletten und Salbeitee.

Blasius wird deswegen nicht arbeitslos. Er könnte sich zum Beispiel um all jene Menschen kümmern, denen etwas Unangenehmes im Hals stecken geblieben ist. Es müssen ja nicht gleich Fischgräten sein, der übliche tägliche Ärger reicht auch schon. Einige bekommen dabei einen richtig dicken Hals. Andere würgen und versuchen, herunterzuschlucken, was sie plagt. Das wäre doch etwas für dich, Bläsi!

Und dann all die Furchtsamen und Schüchternen, die kaum richtig atmen und sprechen können, weil die Angst ihnen den Hals zuschnürt: Sie könnten etwas Hilfe von oben bestimmt brauchen. Bläsi, was meinst du? So nebenbei könntest du ja auch noch all jene etwas lockern, die zu Halsstarrigkeit neigen, weil sie immer recht haben müssen und nicht von ihren festgefahrenen Meinungen lassen können.

Doch vielleicht mag Bläsi ja nicht mehr heilen. Er ist unterdessen fast 1700 Jahre alt. Als Heiliger wird er zwar kaum je pensioniert, aber unsere Probleme müssen wir heute wohl selber lösen. Schließlich sind wir aufgeklärte Menschen, glauben kaum noch an Wunder und wissen um unsere Verantwortung. Nur so nebenbei, ganz verschämt auf einen Heiligen wie Blasius zu schielen und mit dem Gedanken zu spielen, ob er uns vielleicht helfen könnte, obwohl wir nicht daran glauben – das dürfen wir uns schon erlauben.

Gell Bläsi, dagegen hast du nichts einzuwenden?

# Bitte Hände waschen!

Ein altes Ritual wird in Zeiten der Grippe zur Pflicht:
das Händewaschen. Die Gesundheitsbehörden er-
mahnen uns, so oft wie möglich mit viel Wasser und
Seife Finger und Handflächen zu reinigen. Brav folge ich
ihren Empfehlungen und strecke meine Hände unter
den Wasserhahn. Tut ja auch gut – und erleichtert erst
noch das Gewissen: Studien zeigen, dass dieses Ritual
der Psyche hilft, schlechte Gedanken und unmoralisches
Verhalten zu kompensieren. Wahrscheinlich seife ich
mir deshalb so fleißig die Hände ein.

Seit jeher hat das Händewaschen eine doppelte Bedeutung: Es dient der Hygiene – und es ist ein symboli-
scher Ausdruck für das Bedürfnis, sich von Schuld rein-
zuwaschen. Rituelle Reinheit gilt in etlichen Religionen
als Voraussetzung, um dem Heiligen zu begegnen. Wäre
doch schäbig, den lieben Gott mit dreckigen Pfoten zu
begrüßen. Obwohl – dem Prinzip Gnade sei Dank –
auch das möglich ist.

Aber die Hand dürfen wir ohnehin niemandem mehr
geben. Ansteckungsgefahr! Also lassen wir sie in der
Hosen- oder Jackentasche und fragen uns, wie wir das
Gegenüber denn begrüßen könnten. Mit einer Verbeu-
gung? Einer leichten Kopfbewegung? Einem Blick in die
Augen? Wie auch immer: Die Form der Begrüßung ist
keine Selbstverständlichkeit mehr, sondern eine kreative
Herausforderung.

Auch auf Umarmungen müssen wir verzichten. Und
zu andern Personen mindestens einen Meter Abstand

halten! Das schafft Raum. Man nimmt die Menschen aus Distanz wahr, sieht sie neu und anders. Abstand ist oft die beste Voraussetzung, um etwas richtig erkennen zu können. Vielen Kulturen gilt der ausreichende Abstand als Zeichen des Respekts.

Menschenansammlungen sind zu meiden, lautet eine weitere Empfehlung. Umgekehrt gelesen: Die Einsamkeit ist zu suchen. Kein Abtauchen in die anonyme Masse mehr, dafür viel Zeit mit sich allein. Das Grippevirus macht uns vorübergehend zu Eremiten.

Bei den ersten Symptomen einer Grippe ist Bettruhe angesagt. Dann heißt es: Still sein, nichts tun, warten. Meditation pur, wenn auch mit einigen unangenehmen Begleiterscheinungen. Aber die gibt es bei fast jeder Meditation. Bis zum Abklingen der Symptome müssen Kranke in Quarantäne bleiben. Der Begriff kommt vom französischen quarante, vierzig. Die Vierzig ist in der biblischen Tradition eine heilige Zahl. Sie symbolisiert eine Zeit der Vorbereitung und des Wartens: Etwas Neues kündet sich an.

Ich weiß, eine handfeste Grippe ist nicht harmlos. Aber das ganze Leben ist nicht harmlos: Es endet mit Gewissheit tödlich. Auch daran erinnert die virenverseuchte Winterzeit. Eine Tatsache, die sich selbst mit viel Wasser und Seife nicht einfach wegspülen lässt.

# Allzu gesund ist ungesund

Die Liste der Nebenwirkungen ist lang: Nervosität, hoher Blutdruck, Kreislaufbeschwerden, Herzrhythmusstörungen und noch einiges mehr. Kaffee ist ungesund, wird gewarnt. Doch es gibt auch Studien, die das Gegenteil behaupten: Kaffee tut dem Herzen gut, wirkt krebshemmend, beugt Diabetes, Gicht und Alzheimer vor. Kaffee ist gesund. Was soll man jetzt glauben?

Ähnlich ist es bei der Schokolade. Sie enthält zuviel Fett und Zucker, ist also schädlich. Aber gar keine Schokolade ist auch schädlich, denn die Kakaobohnen enthalten gesunde Wirkstoffe. Sie wirken sich auf Herz und Kreislauf positiv aus, senken den Blutdruck, schützen die Gefäße und beruhigen die Nerven. Und so rehabilitiert ein Berner Medizinprofessor die Schwarzwäldertorte mit dem Argument, sie bestehe aus gesunden Zutaten. Doch er fügt hinzu: »Die Stücke sind zu groß.«

Womit wir beim entscheidenden Punkt wären: Der Frage nach dem rechten Maß. Was das konkret bedeutet, lässt sich in der Klosterregel des heiligen Benedikt nachlesen. Für Benedikt ist das rechte Maß die Mutter aller Tugenden. Es hält die Mitte zwischen dem Zuviel und dem Zuwenig, ist je nach Mensch verschieden und muss immer wieder neu ausgelotet werden. Das ist wesentlich klüger als endlos über die gesundheitlichen Vor- und Nachteile von Kaffee, Schokolade und andern Nahrungsmitteln zu streiten.

Wo die Sorge im Vordergrund steht, sich ja richtig zu

ernähren, geht der Genuss verloren. Benedikt wusste das und gestand seinen Mönchen nicht nur eine gute Mahlzeit, sondern auch ein Glas Wein zu. Heute streiten sich die Experten, ob der Wein das Hirn schädige oder umgekehrt die Neubildung von Nervenzellen im Gehirn fördere. Von der Kunst des Genießens sprechen sie nicht.

Dass die Diskussionen um die richtige Ernährung heute mit dem Eifer von Glaubenskriegen geführt werden, ist kein Zufall. Gesundheit ist zur Ersatzreligion geworden, wie der Arzt und Theologe Manfred Lütz feststellt. Mit viel Glaubenseifer wird über versteckte Kalorien, Omega-3-Fettsäuren und tierische Fette debattiert. Dafür hat Lütz nur Spott übrig: »Es gibt Menschen, die leben nur noch vorbeugend, um dann gesund zu sterben. Doch auch wer gesund stirbt, ist definitiv tot.«

Wie viele andere Religionen kennt auch die christliche Tradition den Brauch des Fastens. Die mehrwöchige Fastenzeit vor Ostern ist eine ernste Angelegenheit, für die alten Mönche aber keine bierernste: Sie durften Bier trinken. Das »flüssige Brot« galt als Fastengetränk. Einige Klöster unterhalten bis heute Bierbrauereien. Auf dem Etikett eines Klosterbiers ist oft ein dicker, fröhlicher Mönch abgebildet. Offensichtlich ein Genießer. Und trotz eines vielleicht nicht ganz gesunden Lebensstils kerngesund.

# Narren sind wir alle

Wir haben es so abgemacht: Um elf Uhr ruft meine Frau mich im Büro an. Exakt um elf geht auch das Telefon. Ich nehme ab und beginne mit ein paar zärtlichen Worten. Am andern Ende ist es still. Dann höre ich die Stimme einer fremden Frau, die mich zögernd fragt, ob ich der Lorenz Marti sei. Uff, wie peinlich! Ja, ja, stammle ich und verheddere mich in einen umständlichen Versuch, die unangebrachte Begrüßung zu erklären. Nicht weiter schlimm, meint sie kühl und trägt ihr Anliegen vor, etwas rein Geschäftliches. Am Schluss verabschieden wir uns ganz korrekt, per Sie und mit der nötigen Distanz.

Eigentlich eine lustige Geschichte. Trotzdem will sie mir nicht gefallen, schließlich stehe ich blöd da. Was denkt diese Frau jetzt von mir? Ich weiß es nicht. Und so denke ich, stellvertretend für sie, dass sie denkt, ich sei ein merkwürdiger Vogel. Was möglicherweise auch stimmt.

Die Frage, was andere von mir denken, ist gefährlich. Sie kann dazu verleiten, das eigene Verhalten ganz den vermeintlichen oder realen Erwartungen anderer anzupassen – und sich selber dabei zu verlieren. Das macht niemanden glücklich, ganz im Gegenteil. Und doch bestimmt diese Frage weitgehend unser soziales Verhalten. Alle möchten vor allen gut dastehen.

Für Diogenes, den Philosophen in der Tonne, verraten wir damit unser kostbarstes Gut: die Freiheit. All den Angepassten und Braven empfiehlt er eine einfache

Übung: Sie sollten sich freiwillig dem Gespött aussetzen, indem sie auf dem Marktplatz einen stinkenden Fisch hinter sich herziehen. Die völlige Unabhängigkeit von der Meinung anderer ist für ihn die Voraussetzung wahrer Tugend.

Durch viele Religionen wandern die sogenannt heiligen Narren. Sie versuchen bewusst, schlecht dazustehen. Sie tragen auffällige Kleider oder auch gar keine, verhalten sich merkwürdig und stellen allerlei Verrücktheiten an. Den Verzicht auf Ansehen und Anerkennung verstehen sie als asketische Übung, aber auch als Kritik an einer in Konventionen gefangenen Gesellschaft. Zudem wollen sie deutlich machen, dass sich niemand durch Wohlverhalten das Heil erkaufen kann.

An diese Tradition knüpft der indische Jesuit Anthony de Mello an. Er ersetzt den ebenso populären wie platten Spruch »ich bin okay – du bist okay« durch die Formel »ich bin ein Narr – du bist ein Narr«. Heiter und unbeschwert hört sich das an. Narren sind wir alle im großen Spiel des Lebens.

So schaue ich in den Spiegel – und entdecke einen Narren. Das gefällt mir.

Übrigens: Wer einen Narren anruft, muss sich über eine seltsam unpassende Begrüßung nicht wundern. Was ist von diesem anderes zu erwarten?

# Zum Schluss:
## Leben ohne Warum

Das Leben ist schön: So steht es im Titel. Vorsichtshalber mit einem »übrigens« davor.

Ist das Leben wirklich schön?

Na ja, manchmal schon. Aber nicht immer. Und nicht überall. Genau genommen sind die Momente, wo wir es einfach als schön empfinden, eher selten. Vieles scheint dagegen zu sprechen. Ein Blick in die Zeitung genügt, manchmal auch schon ein Blick in den Badezimmerspiegel.

Gewiss, das Leben hat seine schönen Seiten. Aber leider auch andere, weniger schöne. Letztere nehmen oft sehr viel Raum ein. Dabei sind es meist gar nicht die großen Krisen und Katastrophen, welche das Leben verdüstern, sie bleiben zum Glück die Ausnahme. Es sind vielmehr die kleinen täglichen Unannehmlichkeiten, welche die Stimmung trüben und das Leben mit einem diffusen Grauschleier überziehen können.

Vergessen wird dabei, dass es keine Selbstverständlichkeit ist, überhaupt hier zu sein. Im Gegenteil: Die Wahrscheinlichkeit, dass es uns gibt, Sie und mich, ist äußerst gering. Wir sind, von der Evolution her gesehen, die Überlebenden einer Jahrmillionen alten, über weite Strecken auch krisenhaften Entwicklung. Dabei hat das Schicksal immer wieder zu unseren Gunsten entschieden.[*]

[*] Mehr dazu in meinem Buch »Eine Handvoll Sternenstaub. Was das Universum über das Glück des Daseins erzählt«, Kreuz-Verlag 2012.

Warum? Wir wissen es nicht. Das Leben ist ein Geschenk. Ein kostbares Geschenk. Und ein vergängliches: Wer nicht gut aufpasst, verpasst vor lauter Vorbereitung auf das Leben womöglich sein Leben. Leben ist jetzt. Und jeder Moment, so gewöhnlich er auch erscheinen mag, hat seinen eigenen Wert und seine besondere Bedeutung.

Ich vermute: Ein waches Leben ist ein schönes Leben. Schön ist das Empfinden, wirklich hier zu sein. Zu sehen, zu hören und zu spüren, was jetzt ist. Diesen einzigartigen Moment, der so nie wieder kommt, bewusst wahrzunehmen. Das Leben zu packen, wie auch immer es aussehen mag. Und es zu schätzen, all den möglichen Widrigkeiten zum Trotz.

Schönheit heißt in diesem Zusammenhang: Stimmigkeit. Zustimmung. Sinn. Schön ist das Empfinden, aufgehoben zu sein in einem Ganzen. Verbunden mit allem, was ist. Schönheit als Einverständnis mit dem Leben in all seinen Facetten, den hellen ebenso wie den dunklen.

Sind diese Worte zu groß? Sie bedürfen jedenfalls der Überprüfung durch die Praxis. Was am Schluss zählt, ist nicht die Theorie, sondern das konkret gelebte Leben. Und da besteht oft eine gewisse Spannung: Anspruch und Wirklichkeit klaffen auseinander. Das ist kein Unglück, das ist schlicht natürlich. Wir sind nicht vollkommen und müssen es auch nicht sein. Aber wir können immer wieder lernen – und jederzeit einen neuen Anfang wagen.

Übrigens: Der beste Weg, um die Kluft zwischen Theorie und Praxis zu überbrücken, ist der Humor. Wer über sich und die eigenen kleinen Kämpfe und Krämpfe auch schmunzeln kann, gewinnt Distanz und nimmt sich nicht mehr so wichtig. Eine durchaus heilsame Erfahrung. Sie befreit von der Tyrannei des eigenen Ichs.

Damit zeichnet sich etwas Größeres ab. Die Welt öffnet sich. Und ein Hauch von Schönheit durchzieht sie.

Mehr möchte ich dazu nicht sagen. Ich überlasse das Schlusswort einem anderen. Einem, der mich seit vielen Jahren durch die Irrungen und Wirrungen des Alltags begleitet: Meister Eckhart. Dieser mittelalterliche Gelehrte und Mönch hat im 13. Jahrhundert zwei Wörter in die deutsche Sprache eingeführt, die zusammen ein ganzes Lebensprogramm enthalten: »Wirklichkeit« und »Gelassenheit«.

Der Wirklichkeit mit Gelassenheit zu begegnen, bleibt eine dauernde Herausforderung. In dieser Hinsicht sind wir wohl alle Anfänger, ich zumindest schon. Doch, so Eckhart, auch die »Halbherzigen« werden ihr Ziel erreichen, »so wie manche Leute übers Meer fahren mit halbem Winde und auch hinüberkommen«.

Wo Wirklichkeit und Gelassenheit zusammentreffen, ist die Schönheit nicht mehr weit. Für Eckhart zeigt sie sich im reinen Sein: Da, wo das Leben sich frei entfalten kann, ohne einem bestimmten Zweck oder Ziel untergeordnet zu sein.

*Wer das Leben fragte tausend Jahre lang: »Warum lebst du?« – könnte es antworten, es spräche nichts anderes als: »Ich lebe, um zu leben.« Das ist so, weil das Leben aus seinem eigenen Grunde lebt; deshalb lebt es ohne Warum.*

*Wer nun einen wahrhaftigen Menschen, der aus seinem eigenen Grund wirkt, fragte: »Warum wirkst du deine Werke?« – sollte er recht antworten, er spräche nichts anderes als: »Ich wirke, um zu wirken.«*

*»Und warum lebst du?« – »Wahrlich, ich weiß es nicht, aber ich lebe gerne!«*

Das ist es. Darum geht es: Einfach leben, im doppelten Sinne dieses Wortes. Und gerne leben. »Sunder warumbe«, wie Eckhart sagt: Ohne ein Warum.

Es ist gut, viel über das Leben nachzudenken. Es ist aber auch gut, nicht nur zu denken, sondern sich dem Geheimnis des Lebens zu überlassen. Gelassenheit im wahrsten Sinne des Wortes.

Wo das Denken aufhört, so Meister Eckhart, da beginnt die Liebe. Auch sie kennt kein Warum. Und die Frage, ob das Leben schön sei, stellt sich in einem solchen Augenblick gar nicht mehr.

Keine Frage, keine Antwort, und es ist gut so.

*Danke Corina! Du hast dieses Buch wiederum
aufmerksam begleitet und sorgfältig redigiert.
Beim Schreiben des Schlusskapitels habe ich besonders
an dich gedacht.*

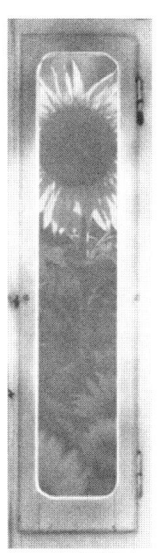